LÉONCE BÉNÉDITE

Conservateur du Musée national du Luxembourg
et du Musée Rodin

NOTRE ART
NOS MAITRES

★

PUVIS DE CHAVANNES
GUSTAVE MOREAU et BURNE-JONES
G.-F. WATTS

PARIS
ERNEST FLAMMARION, ÉDITEUR
26, Rue Racine, 26

à mon cher Ministre et ami
Albert Sarraut
en bien affectueux hommage

[signature]

NOTRE ART

NOS MAITRES

★

DU MÊME AUTEUR

Chez le même éditeur :

LA PEINTURE AU XIXe SIÈCLE, d'après les chefs-d'œuvre des Maîtres et les meilleurs tableaux des principaux artistes. 400 illustrations et 13 planches en couleurs.

LÉONCE BÉNÉDITE

CONSERVATEUR DU MUSÉE NATIONAL DU LUXEMBOURG
ET DU MUSÉE RODIN

NOTRE ART
NOS MAITRES

★

PUVIS DE CHAVANNES
GUSTAVE MOREAU et BURNE-JONES
G.-F. WATTS

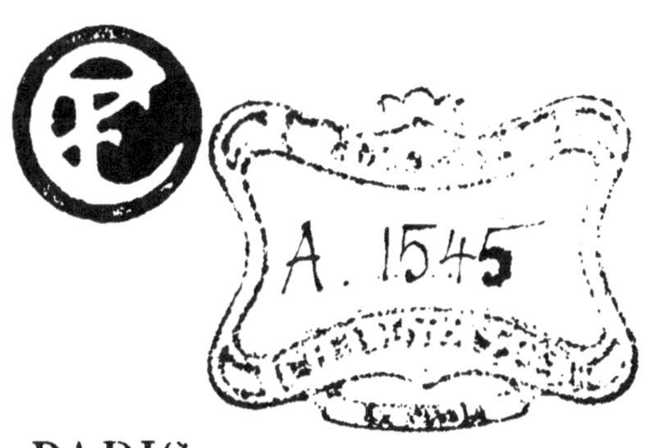

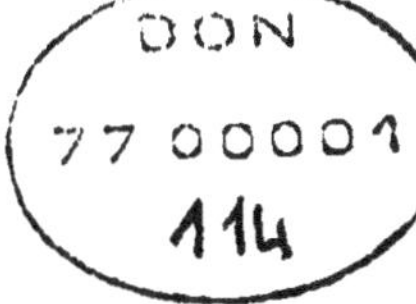

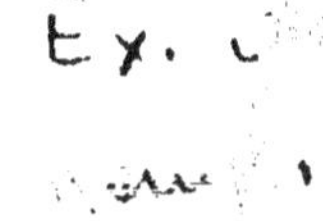

PARIS

ERNEST FLAMMARION, ÉDITEUR

26, RUE RACINE, 26

PRÉFACE

Voici aujourd'hui quarante ans que je suis mêlé nécessairement d'une façon suivie et je pourrais dire officielle au monde des artistes. J'ai vécu dans l'intimité des plus grands et les glorieuses amitiés qui en furent la conséquence ont été l'honneur, le soutien et le réconfort d'une longue carrière qui ne s'est pas écoulée sans heurts ni sans difficultés. Il a fallu, bien des fois, tantôt lutter contre l'opinion, tantôt lui résister, c'est-à-dire maintenir avec énergie et prudence la vieille tradition d'éclectisme historique qui a été celle de mes prédécesseurs, à l'esprit libéral et éclairé, dans l'illustre maison dont on m'a confié si longtemps la garde.

Je n'ai pas cru alors et je n'ai jamais cru, que mon rôle dût se borner à signaler, à faire entrer

et à conserver les œuvres de ces maîtres.
Méconnus généralement, discutés même pour la
plupart, quelques-uns avec passion, il fallait les
faire connaître, les commenter, les expliquer,
éveiller la curiosité et l'intérêt, dissiper les
malentendus.

C'est ce que je me suis appliqué à faire, à
côté de confrères assurément plus libres que
moi, par les études dont je commence aujour-
d'hui la réunion, un peu comme un homme qui
met ordre à ses affaires et rédige son testament.

La plupart de ces travaux remontent déjà
loin. Ceux qui forment le présent volume ont
paru il y a environ une vingtaine d'années. Certains ont été préparés du vivant des maîtres
qui en sont l'objet et parfois d'accord avec eux.
C'est peut-être ce qui leur donne quelque autorité et justifie leur réimpression.

Ç'a été le cas, j'aime à le rappeler avec un
souvenir ému et reconnaissant, pour Puvis de
Chavannes, qui prit plaisir, avec sa bienveillance accoutumée, à guider de temps en temps
mes ardeurs enthousiastes devant ses créations
immortelles du Panthéon, de l'Hôtel de Ville ou
de la Sorbonne, et qui m'entraîna même avec

lui à Amiens, dans un voyage resté pour moi inoubliable.

Ces écrits ont perdu, sans doute, leur accent momentané d'actualité ; mais je m'étais attaché à leur donner un caractère de leçon durable. Je n'ai point remarqué, peut-être à tort, que j'y dusse apporter aucune modification. Ils paraissent avec, seules, quelques corrections de détail qui étaient inévitables.

S'il m'est permis d'émettre un vœu en les livrant à nouveau au public, c'est qu'ils continuent à faire mieux aimer ces hautes physionomies dont les œuvres ont été la joie et l'orgueil de notre temps, et que ces nobles vies, ces carrières remplies de vaillants et probes labeurs, semées sans doute de vicissitudes, mais illuminées par la foi, servent d'exemples aux jeunes générations d'artistes qui se lèvent aux lueurs d'une aube nouvelle dont ceux qui sont près de partir espèrent pour la pensée et pour l'art des jours tout aussi beaux.

L. B.

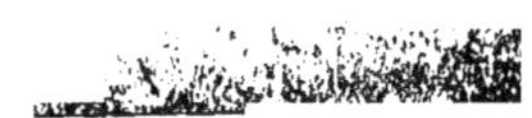

NOTRE ART, NOS MAITRES

PUVIS DE CHAVANNES

Pierre-Cécile Puvis de Chavannes est né à Lyon le 14 décembre 1824. Mais il était bourguignon d'origine, et il protestait contre le hasard de sa naissance, qui l'avait fait le compatriote de Flandrin, de Chenavard et de Meissonier, circonstance dont on tirait constamment des conclusions sur la formation de son talent. Sa famille n'était installée à Lyon qu'en raison des fonctions de son père, ingénieur en chef des mines. Il fit ses études à Lyon, puis à Paris, au Lycée Henri IV, sembla hésiter entre l'École polytechnique, à laquelle le destinait sa famille, et le droit, mais ne s'arrêta à aucune de ces études ; après un premier voyage en Italie, il résolut de se faire peintre. Ses maîtres de rencontre furent Henry Scheffer, Couture et Dela-

croix. Le véritable enseignement qu'il reçut lui
vint surtout de son second voyage en Italie, en
compagnie de Bauderon de Vermeron, en 1848.
Il paraît y avoir étudié de préférence les Vénitiens et peut-être les Florentins du xve siècle,
qu'il apprécia si particulièrement plus tard. Re-
tourna-t-il plus tard en Italie? il ne le semble
pas. Cependant il paraît être resté toujours en
contact avec ses maîtres de prédilection, bien
qu'il se défendît énergiquement de toute érudition artistique, de toute culture, et qu'il se murât
avec soin contre les influences possibles du
dehors. Il redoutait plus que tout les rencontres
et les souvenirs. « Un jour, me disait-il, j'avais
conçu la pensée de faire une figure symbolique
que je représentais avec un corps de femme et
une tête de chouette. Je ne sais plus à quoi cela
correspondait dans mon esprit, mais cette image
s'était imposée à moi, comme une forme étrange
qui avait sa signification. Comme je dînais en
ville, à quelque temps de là, on me proposa,
dans la soirée, de feuilleter quelques albums et
on me demanda si je connaissais les eaux-fortes
de Goya. Je répondis que non. On sortit les
estampes et je retrouvai, à ma stupéfaction et à

mon dépit, la figure que j'avais rêvée. Tout ce
que l'on fait, tout ce que l'on pense, a sans
doute été pensé ou exécuté par d'autres. Il s'a-
git de le dire, de le représenter avec sa vision à
soi. » Aussi Puvis de Chavannes s'isolait-il le
plus qu'il pouvait. C'était, pourtant, quoi qu'il
en dît, un esprit très cultivé, ouvert à tous les
arts de son temps, littérature, théâtre ou musique. Quant à son caractère, c'était la bienveillance même, large, indulgente et quoi qu'on
ait pu dire, sans banalité, car il savait, au besoin,
avoir des aversions très fortes. Ce haut et noble
esprit, qu'avaient soutenu si longtemps sa foi et
son orgueil, avait, dans les rapports de la vie,
une timidité exquise. Il rougissait encore pour
un rien, avec des candeurs d'enfant. L'homme
était vraiment à la hauteur de l'artiste.

Sa première exposition date de 1850. Il fut
refusé ensuite jusqu'en 1859. En 1861, il obtint
une 2ᵉ médaille avec la *Guerre* et la *Paix* ; il fut
de nouveau médaillé en 1864, en 1867 (3ᵉ classe)
à l'Exposition universelle, chevalier de la Légion
d'honneur en 1867, officier en 1877, et obtint
la médaille d'honneur en 1882, il fut nommé
commandeur en 1889. Il fut un des fondateurs

de la Société Nationale des Beaux-Arts, qu'il présida à la mort de Meissonier.

* * *

Il est mort le 24 octobre 1898, à 6 heures du soir, à la suite d'une maladie dont les effets furent hâtés par le chagrin. La mort de sa femme, la princesse Cantacuzène, l'amie fidèle de toute sa vie, qu'il avait épousée deux ans auparavant et qui était décédée il y avait deux mois, l'avait laissé inconsolable. Ce corps robuste et vaillant, aux larges épaules, à la tête haute et colorée, qui semblait celui de quelque gentilhomme guerroyeur et gai compagnon de la suite d'Henri IV, fut terrassé par la douleur. Il est mort, du moins, après avoir pu accomplir son dernier grand ouvrage, qui clôt la décoration du Panthéon; seule, la frise reste inachevée, quoique entièrement dessinée. L'administration des Beaux-Arts, pour ne pas laisser cette grande œuvre incomplète, en a confié l'achèvement à M. Victor Koos, l'élève de prédilection et le fidèle collaborateur du maître, qui vient de remplir, avec une rare intelligence, le pieux mais difficile devoir de restaurer les vastes décorations d'Amiens, lamentablement dégradées par leur démarouflage lors de l'avance ennemie en 1918. Puvis projetait de se mettre, après cette œuvre qui couronne sa vie, à un nouveau projet, problème laissé irrésolu par tant de grands artistes : un carton de tapisserie qui lui avait été commandé par l'Etat pour la maison de Jeanne d'Arc, à Domrémy. Jeanne d'Arc ! cette figure si grande, et à la fois si simple et si complexe, que ce voyant, qui semblait le seul prédestiné à en trouver le juste caractère, se troublait et nous disait : « Jeanne d'Arc!... il faudrait faire la scène autour et, pour elle, se contenter d'écrire le nom sur la toile! » Hélas ! la mort a voulu lui donner raison.

*
* *

Aucun nom, dans les arts, ou du moins dans la peinture, car il faut excepter celui de son grand ami Rodin, n'est devenu aussi populaire que celui de Puvis de Chavannes. Malgré la haute sérénité de sa grande vie simplement écoulée, à l'écart, loin du tumulte et des passions déchaînées de notre temps, il est désormais accepté par la vénération des foules comme le fut un jour celui du grand poète qu'il a glorifié lui-même à l'Hôtel de Ville de Paris. La date du jour où il commença à entrer dans sa gloire est l'année 1878, lorsqu'apparurent sur place ses premières peintures du Panthéon. Jusque-là, à l'exception de quelques poètes qui sentirent la grandeur et le charme de son génie, nul ne fut moins compris ni plus discuté. Il n'arrivait point, pourtant, comme ses glorieux prédécesseurs, Ingres et Delacroix, à la tête d'un parti avec un programme de combat, dans une des grandes querelles qui divisent les arts. Il a toujours été un isolé, un indépendant, réfractaire à toute enrégimentation, fuyant toute discussion et tout bruit.

Mais il n'est point de passions plus violentes, plus injustes ni plus tenaces que les haines artistiques. Aussi, hélas! si l'on s'avisait d'imiter l'exemple malicieux du peintre Whistler et de recueillir aujourd'hui, en face des chefs-d'œuvre du maître, toutes les opinions émises à leur sujet par des écrivains qui étaient considérés comme des juges infaillibles, quelle sanglante critique ce serait de la critique, et quelle leçon

pour ceux qui, trop assurés d'eux-mêmes et de
l'autorité de prétendus principes immuables,
oublieux des enseignements du passé, ne se
disent pas que la première condition de la compréhension d'une œuvre, c'est la tentative de
pénétrer la pensée de l'auteur par la sympathie.

Quelques anathèmes lointains le poursuivirent
encore, comme ces aboiements inoffensifs qui
vous accompagnent, la nuit, du fond des cours,
mais tous ces bruits devinrent de plus en plus
timides et grâce au temps, aux admirateurs de
la première heure et peut-être même à la propagande de tous les sots, qui sont parfois les
vulgarisateurs les plus actifs des causes qu'ils
sont le moins faits pour défendre, son œuvre a
fini par s'imposer profondément à l'admiration
publique. On n'a pas oublié le magnifique témoignage qùi lui en fut donné dans la grande
manifestation par laquelle fut couronné son
70ᵉ anniversaire.

Depuis, Puvis de Chavannes eut cette rare
fortune de survivre, si l'on peut dire, à une
date qui semblait faite pour clore une carrière
aussi admirablement remplie, et d'accomplir

encore de ces ouvrages qui paraissent attester chez quelques êtres privilégiés le don divin d'une éternelle jeunesse.

A voir son œuvre a-t-on besoin de demander quelle fut sa vie. On sent que ce ne put être qu'une existence de méditation et de labeur, sans incidents autres que ceux qui concernent ses travaux.

Ses débuts ne présentent aucun fait d'une signification particulière, si ce n'est peut-être deux voyages en Italie, dont le premier détermina sa vocation d'artiste et dont le second, accompli plus sérieusement, durant tout le cours d'une année, en compagnie d'un guide, un ami plus âgé, l'excellent Bauderon de Vermeron, qui aida son attention à se fixer plus utilement, assura entièrement la tournure de son esprit et, pour l'avenir, le caractère de son art.

Il eut, nous l'avons vu, en dehors de celui-ci trois maitres, nominalement du moins, car on ne peut guère prétendre qu'il ait reçu d'eux un enseignement direct et profitable. Le premier fut Henry Scheffer; les autres, au retour de son deuxième voyage d'Italie, Delacroix, près de qui il resta quinze jours et Couture, dans l'ate-

lier duquel il travailla deux ou trois mois. Il ne
paraît pas avoir gardé de leur enseignement un
souvenir bien sympathique. Est-ce à dire qu'on
ne retrouve pas, à l'origine, quelque reflet de
leurs habitudes pittoresques dans les premiers
travaux du jeune artiste? On ne peut le nier,
mais il en faut chercher uniquement la cause
dans la préoccupation courante de cette génération, troublée par la vision ou les procédés de
ces deux peintres, l'un dans toute sa gloire, et
l'autre jouissant encore de la vogue qu'il devait
à l'*Orgie romaine*, sur laquelle s'était fondée sa
réputation.

Il exposa pour la première fois en 1850 un
tableau de débutant qui ne promettait rien. Il
fut refusé aux Salons suivants, sur un certain
nombre de peintures dont quelques-unes sub-
sistent, mais dont on ne peut encore rien augurer car elles marquent, il faut bien le dire, toutes
les hésitations de l'artiste entre les maîtres à
suivre, les techniques à observer et même les
sources d'inspiration. Puvis n'aimait pas beaucoup revenir sur ce passé un peu incohérent.
Fortifié par cet ostracisme qui éprouvait sa
volonté et préparait sa personnalité future, mûri

par une étude constante, il reparaît au Salon de
1859. Il exposait, cette année, le *Retour de
Chasse*, du Musée de Marseille, qui marquait
déjà une direction d'esprit résolument tournée
vers la grande peinture de style. Puvis, suivant
sa propre expression, avait trouvé son chemin
de Damas. Mais c'est en 1861, c'est-à-dire à l'âge
de trente-sept ans, que, jusqu'alors inconnu,
l'artiste s'affirme pour ainsi dire du premier
coup, d'une façon vraiment magistrale, par une
œuvre qui est restée une des plus séduisantes
créations de ce visionnaire merveilleux.

A partir de cette époque, sans découragement
et sans défaillance, malgré les attaques féroces
et ineptes auxquelles il commence à se trouver
en butte, au lendemain même de son premier
succès, se suivent, à peu près à chaque Salon,
ces grandes pages graves, attendries et conso-
lantes, où s'est abreuvée, pendant près de
quarante ans, l'ardente soif d'idéal de la fin de
ce siècle agité.

Cette œuvre, d'une fécondité rare, si l'on
songe qu'elle était entreprise à l'âge où l'homme
atteint le milieu de la vie normale, et sans
qu'aucun élève ou collaborateur, sauf aux der-

niers jours, y ait prêté le secours de sa main,
cette œuvre comprend un ensemble de vastes
compositions murales dont s'enorgueillissent
les villes d'Amiens, de Marseille, de Poitiers, de
Paris, de Lyon, de Rouen et de Boston, ainsi
qu'un certain nombre de petites conceptions
isolées, écloses pendant les intermèdes des
grands travaux qu'elles complètent et qu'elles
expliquent.

*
* *

Toute personne qui voudra connaître à fond
cette grande figure artistique, sera tenue d'accomplir le pèlerinage du Musée d'Amiens. Là,
grâce à l'architecte, A.-S. Diet, qui comprit quel
incomparable collaborateur lui découvrait la
fortune, les premiers ouvrages de Puvis de Chavannes échappèrent à la dispersion, reçurent
une suite et formèrent cet admirable ensemble
décoratif qui est aujourd'hui l'une des principales
gloires de l'intelligente cité.

Six grandes compositions, accompagnées de
quatre figures monumentales et de décors
accessoires en camaïeu, permettent de suivre
l'évolution du maître depuis son début jusqu'à

l'apogée de son talent. Elles occupent les parois de la cage d'escalier du Musée et le vestibule du premier étage. C'est dans cette pièce que se trouvent exposés les premiers ouvrages du salon de 1861, la *Paix* et la *Guerre.*

Ces deux sujets avaient été conçus sans destination précise, dans le but unique de tenter un effort de quelque étendue, d'essayer ce dont le jeune peintre se sentait capable. C'était un de ces sujets usités dans l'Ecole, comme celui des *Quatre Saisons* qu'il avait antérieurement cherché sur les murailles de la salle à manger de son frère, dans cette tentative qui, dit-il, fut le premier avertissement de son instinct de décorateur. Le même motif avait déjà été entrepris dans la décoration de la Cour des Comptes par celui qui fut comme son annonciateur, Théodore Chassériau.

Dans un mystérieux paysage plein de fraîcheur et d'ombre, vallon fermé par les parois à pic des montagnes et par une haute et sombre muraille de cyprès, au bord d'un torrent, sous les bouquets touffus de lauriers-roses en fleurs, de jeunes guerriers et de belles femmes, épanouies dans leur blancheur comme de splendides floraisons, se livrent avec abandon aux occupations familières de la *Paix*. Ici une jeune femme demi-nue trait une chèvre, tandis qu'un guerrier se penche pour recevoir la coupe pleine de lait ; là une superbe créature, vue de dos, debout, dans sa magnifique nudité, aux formes rythmées, aux carnations refroidies, prend dans un beau geste d'une grâce onduleuse une corbeille de fruits des mains d'un jeune homme assis au bord du ruisseau. A droite, une jeune fille passe l'eau sur un petit gué de roches ; à gauche, un guerrier songeur est accroupi, ses armes inutiles éparses à ses pieds. Quelques autres personnages, assis ou debout, assistent en spectateurs indolents à ces diverses scènes paisibles. Au loin, le calme pénétrant de ce coin de terre fortuné est animé par le vol des colombes, le jeu des coureurs, les chevauchées dans la poussière d'or des petits coursiers hennissants, frères des chevaux nerveux de la frise des Panathénées. On ne peut imaginer de vision d'une splendeur plus douce et plus envahissante ; on y respire un air de volupté héroïque et païenne. C'est un Eden mystérieux que chacun a rêvé.

La *Guerre* nous présente l'émouvant contraste de la dévastation, du meurtre, du pillage, le désespoir des mères qui pleurent leurs enfants sacrifiés, l'angoisse des captives promises aux désirs brutaux des vainqueurs, tous ces deuils et tous ces désastres dont se repaît et que glorifie notre misérable humanité. Le groupe principal, ramassé au centre, comme dans la *Paix*, nous montre, en effet, dans un ciel chargé de lourdes fumées, au pied des cavaliers qui célèbrent leur insolent triomphe, dans la fanfare stridente des trompettes, trois captives nues se pressant avec effroi l'une contre l'**autre**, liées à un tronc d'arbre brisé derrière lequel les bœufs affolés poussent de longs meuglements. En avant, deux vieillards se lamentent près du cadavre de leur fils, en prenant le ciel à témoin de leur malheur et de ces crimes. A droite, s'avance une longue caravane de captifs conduits par des vainqueurs à cheval ; au loin, à gauche, d'autres groupes douloureux, et, dans l'âcre fumée des moissons incendiées, passe un vol rapide de lointains cavaliers.

La composition, ici, est un peu trop massée au premier plan ; le groupe des vieillards est

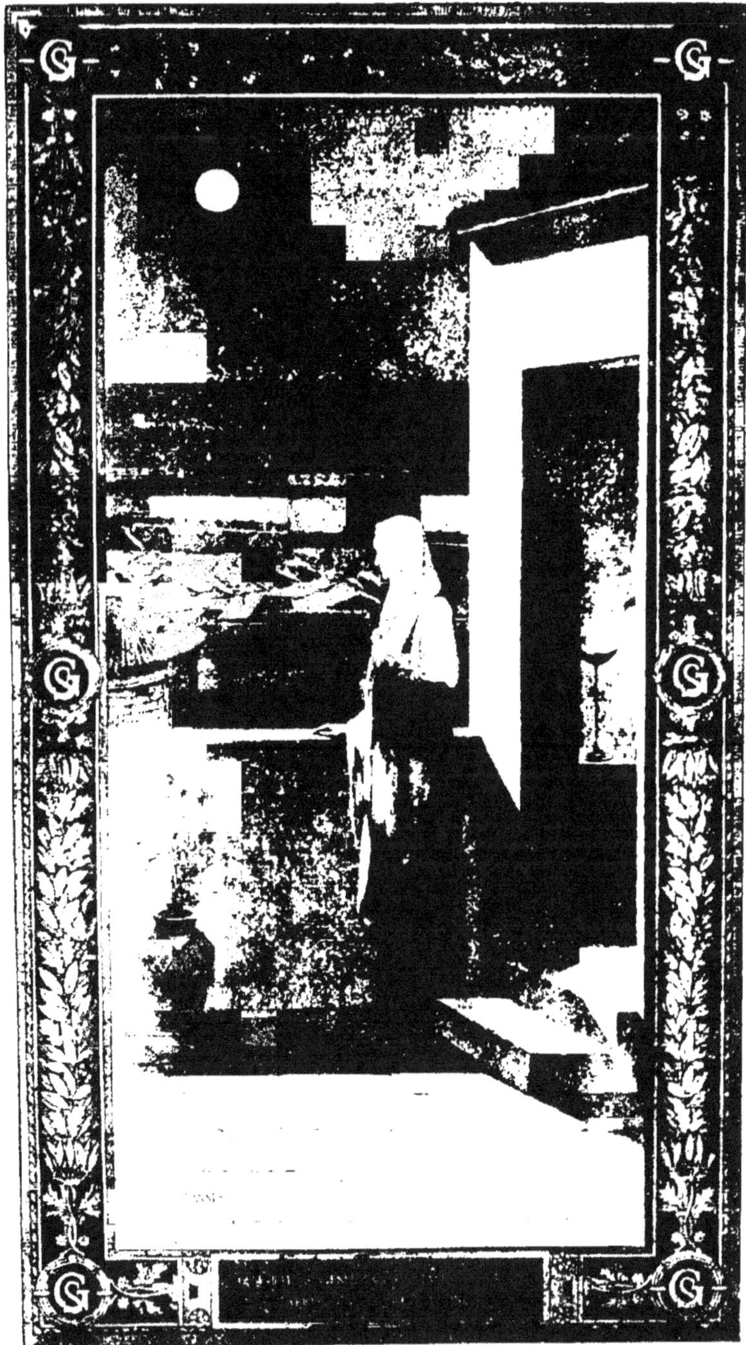

PUVIS DE CHAVANNES. — Sainte-Geneviève veillant sur la
ville endormie (au Panthéon).

d'un pathétique assez littéraire. C'est la seule
fois, dans l'œuvre de Puvis de Chavannes, qu'un
sentiment s'exprime d'une façon aussi peu contenue. L'exécution des figures marque aussi
quelque inégalité, les influences contradictoires
du temps y sont plus sensibles que dans la composition précédente. Tandis que le premier
groupe se rapproche de Delacroix par le dessin,
le caractère, la mimique expressive, les tons
rompus des colorations, les femmes du second
plan représentent un idéal plus ample, faisant
penser à un type dérivé d'Ingres, fluctuant entre
Couture et Chassériau. Ce qui était à lui déjà,
c'était la grandeur de la conception, la hauteur
du rêve, le style qui s'impose.

Ces deux œuvres s'opposent autant par leur
sujet que par leur technique. On sent que le
grand contemplatif était plus à son aise pour
traiter le premier motif qui correspondait à une
vision intérieure de son âme.

Dans la *Paix*, en effet, les influences ambiantes
se coudoient mais s'associent heureusement dans
une incontestable unité. Le procédé de Couture,
l'influence de Delacroix, très manifestes dans
certaines carnations des femmes, dans certaines

colorations fortes et contrastées ; quelques souvenirs vénitiens dans la belle femme nue, à la chevelure blonde tressée, aux chairs argentées, dessinée avec une si fière élégance, dans l'esprit d'Ingres, en pleine lumière diffuse, presque sans ombre ; Phidias et sa cavalcade du Parthénon, d'un côté ; Poussin de l'autre, avec ce que le jeune artiste avait puisé dans son exemple d'accent héroïque, de gravité voluptueuse, d'ordre et de méthode ; assurément, toutes ces traces d'une forte culture intellectuelle et artistique sont sensibles dans ce premier ouvrage. Sans doute la composition, pyramidale, soigneusement agencée, n'a pas encore cette indépendance et cet imprévu qui nous frapperont bientôt dans les œuvres postérieures ; sans doute le dessin des figures n'est pas encore très décidé ni très personnel. Le naturaliste savant et ému, épris de vérité, que nous trouverons bientôt, n'est pas complètement éclos, mais c'est déjà une intelligence, large et sereine, toute développée, en possession de son rêve ; l'exécutant n'est pas tout à fait dégagé encore, mais le visionnaire puissant, hardi et ingénu, le charmeur incomparable est déjà formé.

La *Paix* méritait bien l'enthousiasme non pré-
venu qui accueillit son apparition. Cette prédilection du public lui demeura, soit qu'il restât
sur la mémoire d'une impression si vive, soit
peut-être aussi que, en sa timidité, il se plût
à y retrouver le reflet de l'atmosphère dans
laquelle il vivait, la trace de certaines traditions
accoutumées. L'auteur fut aussitôt sacré grand
peintre, bien que les gens prudents fissent leurs
réserves et redoutassent qu'il ne retrouvât plus
un pareil succès à la suite d'une œuvre aussi
exceptionnelle. Et l'on vécut si bien sur ce
souvenir que, longtemps après, devant les chefs-
d'œuvre qui suivirent et affirmèrent une si noble
et si haute personnalité, on se refusa à considérer l'artiste comme égal à son premier effort.
Jusqu'à l'*Enfance de Sainte-Geneviève* on l'é-
crasa sous ce premier triomphe.

Et, pourtant, avec quelle rapidité se développe
son talent, se précise son originalité. Il lui avait
suffi de voir son œuvre au Salon, en public,
pour s'éclairer sur lui-même. Il s'était remis
immédiatement à l'œuvre et, deux ans après, au
Salon de 1863, il reparaissait avec deux autres
compositions aussi importantes : le *Travail* et le

Repos, destinées dans sa pensée à compléter le premier groupe décoratif, bien que, toujours, sans but fixé.

Dans le *Travail*, Puvis de Chavannes s'est souvenu, pour le motif principal, d'un épisode traité à la Cour des Comptes par Chassériau; car il eut, au début, avec ce maître d'incontestables affinités. Au second plan, presque au milieu du tableau, en pleine lumière, un groupe de forgerons frappe l'enclume; plus loin, à gauche, fume la forge. Au premier plan, à gauche, des charpentiers taillent des troncs d'arbres abattus; à droite, dans un pli de terrain, les soins de la maternité occupent des femmes. Un grand paysage de mer ouvre l'horizon. C'est d'une harmonie bleue et blonde, riche et sobre à la fois; le dessin y atteint une rare beauté d'expression. On ne pourrait rendre avec plus de sûreté et de bonheur les gestes exacts des travailleurs : les charpentiers équarrissant leurs troncs, prudemment, à petits coups de hache, les forgerons, dont l'un tient un fer rouge dans une pince, en se haussant sur les pieds, les jambes serrées, dans un geste d'attention et d'adresse. Et ceux qui frappent! Comme

on sent le rythme cadencé des marteaux qui
vont s'abattre tour à tour, dans l'élan préparé
des hommes dont le mouvement s'annonce à
l'avance si franchement. Et tout, dans ce tableau, parle de travail et d'action, les arbres
rasés, les troncs qu'on dégrossit, l'ancre qu'on
forge, les bateaux qu'on prépare pour les aventures sur cette mer qui s'offre à l'activité
humaine.

Le *Repos* est peut-être encore plus significatif
dans le progrès réalisé. Au milieu d'un paysage,
au couchant, mais ici dans un paysage du ciel
de France, plus septentrional, moins conçu en
rêve, plus vu par les yeux de la tête et du souvenir, près d'un étang envahi par les premières
ombres du soir, par la fraîcheur qui suit les
jours d'été, sous les saules gris contre lesquels
sont déposés les instruments de travail qui ne
serviront plus jusqu'au lendemain, des groupes
se reposent en attendant venir la nuit. A gauche,
au premier plan, une jeune femme s'arrête de
filer pour écouter un vieillard qui conte, appuyé
sur un bâton, des aventures homériques. Tout
autour de lui des enfants jouent ; des jeunes
hommes qui ont laissé la hache ou le marteau,

des femmes demi-nues, écoutent attentivement
les merveilleux récits auxquels ils semblent se
mêler par l'imagination. Il faut voir, en face du
conteur, l'homme aux bras croisés, les pieds fortement fixés au sol, le corps ramassé sous l'attention, le front plissé, tous les muscles tendus,
qui participe, en pensée, si violemment à l'action
racontée. Ces deux personnages sont d'une grandeur épique. Le dessin est décidé, franc, vigoureux, expressif, avec un sentiment de nature
plus marqué, des modelés simples, peu de surfaces d'ombre, de belles lignes amples et rythmées ;
les harmonies, comme dans le *Travail*, plus
savantes, plus personnelles, parlent un langage
éloquent ; elles sont déjà plus sobres, plus grises,
plus délicates.

Ces quatre premiers ouvrages avaient trouvé,
grâce à Diet, une destination dans le musée de
Picardie, à Amiens. L'État avait donné la *Paix*,
qu'il avait acquise. Heureux de ce qu'il considérait encore comme une bonne fortune, l'auteur
avait généreusement abandonné la *Guerre*, puis
les deux autres compositions. La municipalité
intelligente eut l'idée, qui lui fait honneur, de
demander au peintre un troisième panneau de

l'escalier, coupé par trois portes d'entrée. L'artiste accepta avec joie. Les deux panneaux, séparés par la baie centrale, étaient prêts pour le salon de 1865.

Ave Picardia nutrix, c'est la fécondité de la terre picarde que le peintre célébrait. Dans le panneau de gauche, au premier plan, une petite scène familière et touchante groupe une jeune femme allaitant deux nourrissons, une vieille femme qui file le lin du pays et qui sourit à un jeune enfant guidé par sa mère, faisant de grands efforts pour porter sur sa tête une corbeille de fruits. Plus loin, à gauche, des jeunes femmes passent des paniers de pommes à un paysan juché sur son échelle contre une haute cuve de bois cerclée ; en arrière, sous un abri de chaume, des meuniers tournent une meule tandis que, à droite, au fond d'un pré où paissent des moutons, des maçons élèvent un mur.

Dans le panneau de droite ce sont des femmes qui tissent des filets, des charpentiers qui dressent une passerelle sur une rivière et, dans l'eau, sous des bouquets de saules, se baigne un groupe de jeunes femmes nues tandis que, plus loin, derrière le rideau des arbres, glissent des bateliers sur leurs péniches.

C'était la première composition que Puvis de Chavannes avait pu enfin exécuter avec un but déterminé quant à la place et quant au sujet. Aussi marque-t-elle un pas décisif dans l'évolution de sa carrière. Le progrès dans le sens personnel s'accentue ; le dessin s'affirme par une vision de plus en plus serrée et concise. Déjà on trouve certains éléments qui se représenteront dans plusieurs de ses ouvrages les plus célèbres de l'avenir, notamment les jeunes filles qui se baignent ou se coiffent au bord de l'eau, qui inspireront le panneau de la *Saône* et les groupes de l'*Été* à l'Hôtel de Ville de Paris ; ces bouquets de saules gris sur le ciel clair, ces eaux grises à fleur de sol entre les gazons de la rive, tout ce paysage picard d'eaux, de saules et de peupliers qu'il retrouvera plus tard, en face, magistralement.

La composition est libre, déliée, réunie autant par le lien moral — ce qui sera dans toute son œuvre le grand secret de sa puissante unité — que par les combinaisons matérielles des groupes, le développement de l'action. Pour la couleur, l'œil n'est point si fin encore, si délicat, si pré-occupé des décolorations atmosphériques que dans le panneau, bien postérieur, qui fera face à celui-ci, mais les tons, quoique plus intenses, s'accordent assez heureusement dans ce paysage gris et brun d'automne.

Voici donc le peintre en pleine maturité de l'âge et du talent, en pleine possession de lui-même, sans doute pas entièrement affranchi du passé, mais, dans tous les cas, se détachant défi-nitivement des influences contemporaines. On y trouve encore, notamment, à gauche, un sou-venir de Venise et de Florence, en particulier dans la vieille fileuse qui évoque l'image de la vieille femme aux poulets de la *Présentation de la Vierge* du Titien et, dans les groupes de gauche, qui font penser aux *Vendanges de Noé* de Benozzo Gozzoli, au Campo Santo, de Pise. C'est, d'ailleurs, nous le verrons plus tard, vers ces derniers maîtres si éloquents, si tendres et si fiers de Florence ou de Sienne que se repor-tera le plus volontiers, en remontant même aux plus anciens, aux heures où l'on sent le besoin de se repérer sur le passé, son esprit chaque jour plus avide de vérité et de simplicité.

Ave Picardia nutrix fixe une date dans la vie de Puvis de Chavannes. C'est le point de départ d'une nouvelle évolution aboutissant aux œuvres incomparables qui marqueront l'apogée de son génie : *l'Enfance de sainte Geneviève* et *Pro patria ludus.*

C'est à l'année 1882 qu'appartient cette dernière composition qui complète l'ensemble décoratif du musée d'Amiens. Le panneau sur lequel elle est marouflée était jadis percé de baies, fermées plus tard lorsque fut décidé l'éclairage par le haut de l'escalier. Puvis de Chavannes l'entreprit en 1879 à ses frais. Le carton parut au Salon de 1880 sous le titre : *Jeunes Picards s'exerçant à la lance.* La commande, sur laquelle l'État avait hésité, fut décidée d'enthousiasme et la peinture obtint au Salon de 1882 la médaille d'honneur.

Quatorze ans s'étaient écoulés entre l'*Ave Picardia nutrix* et ce dernier ouvrage, quatorze ans, certes, bien employés. Entre temps, étaient nées diverses décorations pour des hôtels privés, la décoration du musée de Marseille (1870), celle de Poitiers (1874-1875), l'*Enfance de sainte Geneviève* (1876-1878) sans parler de tous ses

principaux tableaux de chevalet : le *Sommeil,*
la *Décollation de saint Jean-Baptiste,* l'*Espérance,*
l'*Enfant prodigue, Jeunes filles au bord de la
mer,* le *Pauvre pêcheur,* etc. C'est une des
périodes de sa plus grande activité.

Le *Ludus pro patria* devait en porter les glorieuses traces. C'était un sujet cher au maître
reconnaissant qui, si longtemps, si violemment
et si sottement discuté, avait trouvé dans la
municipalité de cette ville de province des encou-
ragements persévérants et des moyens de travail,
que lui accordèrent plus tard d'autres cités pro-
vinciales et que Paris et l'État lui marchan-
dèrent si longuement. C'est toute la vie héroïque
des anciens Picards que le peintre a exécutée
dans cette vaste composition, la vie héroïque
des anciens habitants de ce sol Gaulois connus,
dès l'antiquité, par leur patriotisme ombrageux,
et, en particulier, ces jeux traditionnels qui ont
traversé les siècles et réunissent encore aujour-
d'hui les confréries des tireurs de l'arc.

Dans un vaste paysage picard de plaine,
semé de petits bouquets de bois, coupé de flaques
et de ruisseaux à ras du sol, au milieu de huttes
qui s'éparpillent sous les peupliers aux feuilles

d'or pâle, dans un ciel clair, un groupe de jeunes Picards s'exerce au javelot sur un tronc d'arbre brisé qui, tout à droite, leur sert de but. Ce sont des figures de jeunes hommes blonds, aux corps minces, élancés, aux muscles serrés, aux membres souples et nerveux, aux visages graves, réfléchis. A droite, un groupe suit avec intérêt les péripéties de cette lutte : c'est un vieillard d'allure homérique, appuyé sur un bâton, l'œil attentif d'un juge qui se remémore les grands exemples du passé. Un enfant tenant une pomme, joue entre ses genoux, tandis que, derrière lui, une fillette nue se pend à son cou d'un geste caressant. Une jeune femme, le sein nu, un marmot au bras, suit le jeu et, en arrière, une petite scène de famille nous montre une jeune mère, demi-nue, qui présente à son époux penché vers elle un enfant ouvrant ses petits bras. Tout à droite, fermant la composition par une note plus vigoureuse, un chasseur au manteau bleu, un cygne noir sur l'épaule — c'était la chasse préférée des anciens Picards — s'arrête avec intérêt, tandis qu'au loin, sur l'autre rive, un groupe de trois personnages s'avance, halant un bateau dont la voile est déployée.

A gauche, près du village, reliant les groupes des joueurs à la vie du foyer, des hommes et des jeunes gens attendent leur tour en causant posément avec des jeunes femmes gracieuses et nonchalantes assises ou couchées sous les peupliers. Près des cabanes couvertes de chaume, des groupes de femmes se livrent aux travaux du ménage, enfournant du pain, portant du lait, apprêtant le repas qui va suivre la fête ; en arrière, un vieillard, causant avec une jeune fille, semble préparer sa flûte pour conduire la danse. En même temps, au premier plan, un petit incident familier met une note intime et souriante de vie ; c'est une fillette au joli petit corps nu qui pleure, la tête dans les bras, devant une jatte de lait brisée à ses pieds, sous le regard consolant d'une aïeule songeuse. C'est à la fois héroïque et familier, comme eut pu être une peinture antique. Jules Simon n'avait-il pas eu raison de dire que si Platon eût été peintre, il eût peint comme Puvis de Chavannes ?

Dans les précédentes décorations d'Amiens, Puvis de Chavannes affectionne pour ses personnages des formes plus amples, plus arrondies ; le dessin est encore musculeux, anatomique, un peu trapu. Ici, il est devenu nerveux, serré, aisé, bien qu'avec un aspect légèrement archaïque, d'une simplicité extrême dans les modelés des corps qu'avive, de temps en temps, aux attaches, certains accents d'une saveur éginétique. On ne peut rêver rien de plus juste que tous ces gestes et ces attitudes. Il faut remonter jusqu'à Giotto pour trouver une composition aussi simplement expressive, Giotto, qui avait allumé son génie aux clartés combinées de la Nature et de l'Art antique, les mêmes guides, qu'à son exemple, il semble que Puvis de Chavannes ait constamment consultés.

Quant à l'harmonie, elle y est rare et charmante, d'une sonorité claire et douce, d'une éloquence persuasive ; ce sont des accords exquis de délicatesse et d'imprévu ; les colorations rompues, tièdes et assoupies, des nuances les plus rares, y sont réveillées de loin en loin par de beaux tons plus francs, sous l'enveloppe un peu grise de ce fin paysage qui évoque une sensation si fraîche et si intense de vraie nature.

Ici, conception, composition, dessin, harmonies, tout lui est propre. Entre ces deux panneaux qui se font face sur l'escalier du Musée d'Amiens s'est produit un développement progressif vers l'austérité dans la grâce, la suppression de toute coquetterie pittoresque, la simplification dans l'écriture des formes, la formation définitive d'une langue exclusivement personnelle qui ne dise plus que strictement et fortement ce qu'elle a à dire. Avec les peintures du Panthéon et de la Sorbonne, que nous allons trouver maintenant, le *Ludus pro patria*, constitue un des principaux chefs-d'œuvre du maître.

*
* *

Nous ne pouvons nous étendre comme il conviendrait sur toutes les décorations intermédiaires : la *Vigilance*, la *Fantaisie*[1], si bien nommée, que relève à propos une réminiscence discrète de l'esprit de la Renaissance française, et surtout sur les peintures de Marseille et de Poitiers.

Nous n'avons pas voulu nous arrêter en route sur toutes les critiques suggérées par les précédentes œuvres, mais comment ne pas sourire aujourd'hui en lisant les lignes consacrées par

1. Décorations en camaïeu pour l'hôtel de Mme Claude Vignon.

Castagnary à ces compositions de Marseille ?
C'était lui alors que Puvis de Chavannes « faisait
sourire ». Cela commence par : « M. Puvis de
Chavannes ne dessine ni ne peint... » et cela se
termine par : « tout cela est lâche, mou, incertain, sale de ton et triste d'aspect. » Et je passe
toutes les autres appréciations sur la peinture et
tous les commentaires sur le sujet. Heureusement que ce galant homme fit un jour la meilleure des amendes honorables ; c'est à lui qu'on
doit l'entrée du *Pauvre pêcheur* au Luxembourg.

Mais comment avoir les yeux aussi fermés à
la lumière ? Comment les plus tenaces partis pris
peuvent-ils résister devant le charme pénétrant
de cette fraîche et suave décoration, doucement
épanouie dans la muraille blanche, avec l'exquis
bariolage d'un tapis oriental ?

*Marseille, colonie grecque ; Marseille, porte
de l'Orient*, c'est, dans l'un des panneaux, l'aperçu,
condensé sur un pont de navire, de ce monde à
la fois excentrique et séduisant des pays orientaux, une délicieuse note de poésie exotique que
Chassériau avait cherchée, lui aussi, antérieurement à la Cour des Comptes et dont l'obsession

a poussé tant de nos songeurs et de nos artistes
sur les routes du Levant. C'est, dans l'autre,
résumée en quelques scènes paisibles : des
pêcheurs faisant cuire un poisson sur une terrasse, des femmes examinant de riches étoffes,
et au loin l'activité d'une ville en construction,
c'est toute la vie antique, dans sa sérénité souriante, son ingénuité grave, âge d'or de l'humanité heureuse de vivre, contente de peu,
concentrée sur elle-même, dans ses horizons
bornés ; ces temps merveilleux vers lesquels se
retourne si volontiers l'essor de nos rêves, qui
fourniront au grand visionnaire plusieurs de ses
plus belles inspirations de l'avenir, et dont le
souvenir aigu et nostalgique poursuit sa pensée
dans toutes ses grandes allégories.

De la décoration de Marseille, aux colorations claires et harmonieuses qui renouent notre
temps directement à la tradition des beaux
quattrocentistes de Florence et de Venise, nous
arrivons, cinq ans plus tard, à la suite de quelques toiles de conception épisodique, à la décoration pour l'Hôtel de Ville de Poitiers.

Jusqu'alors Puvis de Chavannes ne s'était
guère adressé à l'histoire proprement dite. Il

s'était toujours livré à de grandes généralisations idéales en dehors des temps et des lieux, ou à des allégories synthétiques destinées à symbolyser le caractère d'une province ou l'âme d'une grande cité. Il y avait, néanmoins, déjà fait preuve d'un véritable sens historique, d'une faculté merveilleuse de s'incorporer l'âme du passé. Mais c'est seulement, après un premier essai sur un sujet déterminé — la *Décollation de saint Jean-Baptiste* — avec les deux peintures de Poitiers (1874-75) qu'il ouvre la série de ses représentations prises dans les débuts de notre histoire nationale.

Charles Martel, rentrant vainqueur devant Poitiers, entouré de figures suppliantes et de prélats qui le bénissent, est une belle page de résurrection historique. Quant à sainte Radegonde, assise, dans son couvent de Sainte-Croix, sous les galeries voûtées du cloître, près d'une table chargée de fruits, entourée de philosophes et de poètes, c'est la plus fidèle et la plus délicate interprétation des récits émus du saint évêque de Tours et des madrigaux mystiques de l'italien frivole qu'avaient retenu les charmes chrétiens de sainte Radegonde et de la jeune

Agnès. On ne pouvait rendre avec une impression plus vraie la vie de ces premiers cloîtres dans les pays à demi latins du midi où la volupté, la grâce et la subtilité païennes se mêlaient si étrangement à la foi vierge, tendre et sauvage des races conquérantes.

Déjà s'annonce l'art libre et dégagé, simple et grand, qui va se fixer dans une page immortelle : la décoration du Panthéon.

L'histoire de la décoration de cet édifice n'est pas à faire en ce moment ; qu'il suffise de rappeler qu'un premier essai fut tenté en 1848, par Paul Chenavard, — dont les cartons sont conservés au Musée de Lyon. La tentative n'aboutit pas, le monument, un instant désaffecté, ayant été rendu au culte par le gouvernement nouveau. Ph. de Chennevières, alors directeur des Beaux-Arts, frappé de la situation précaire dans laquelle était tombé le grand art de la peinture monumentale, eut l'idée de le consacrer à un concours entre les principaux artistes qui tenaient la tête de l'école. Aucun grand nom n'y fut oublié, pas même ceux de Meissonier ou de Millet. Puvis de Chavannes tenait une place à part dans les préoccupations du Directeur des

Beaux-Arts dont le souvenir est associé à la gloire de l'artiste. On lui confia la surface murale de la nef, à droite, jusqu'au transept, dans les entre-colonnements, soit quatre grandes travées à décorer et, comme sujet, l'enfance de la sainte à laquelle était consacré l'édifice.

On pourra regretter, sans doute, surtout après tant de malheureux voisinages, que l'ensemble du monument n'ait pas été livré à la brosse vaillante du même artiste qui a redonné la vie à ces pierres mortes et délaissées. Ph. de Chennevières s'est expliqué plusieurs fois à ce sujet ; il nous oblige à reconnaître qu'en l'état de la réputation de Puvis de Chavannes, que cette décoration tira justement hors de pair, nul ne se fût senti assez d'autorité, en face des compétitions des artistes et des préjugés du public, pour lui offrir un pareil ensemble.

Félicitons-nous, du moins, de ce que l'abandon heureux du travail de Meissonier nous ait valu, vingt ans après, un nouveau chef-d'œuvre digne du premier.

Au salon de 1876 furent exposés, avec la peinture du panneau isolé de *Sainte Geneviève en prière*, le carton de *l'Enfance* de la petite sainte.

L'ensemble, y compris la frise, fut mis en place
en 1878.

*Dès son âge le plus tendre, sainte Geneviève
donna les marques d'une piété ardente ; sans cesse
en prière, elle était un sujet de surprise et d'admiration pour tous ceux qui la voyaient.* » Tel
est le sujet du premier panneau isolé, composition toute en hauteur, où un ménage de paysans,
au premier plan, la mère un bébé rose au bras,
l'homme posant à terre son fagot, tous deux
respectueusement surpris, contemplent en silence
la jeune sainte, dans sa candeur adorable, age-
nouillée devant une croix qu'elle a formée au
moyen d'une branche d'arbre, tandis que, plus
haut, paissent ses troupeaux sur les talus
gazonnés : plus loin un laboureur laisse sa
charrue, le front appuyé contre un chêne, ému
lui aussi par ce simple et touchant spectacle.

« *L'an 429*, nous dit l'autre légende, *Saint
Germain-d'Auxerre et saint Loup, se rendant
en Angleterre pour combattre l'hérésie des Péla-
giens, arrivent aux environs de Nanterre. Dans
la foule accourue à leur rencontre, saint Germain
distingue une enfant marquée pour lui du sceau
divin. Il l'interroge et prédit à ses parents les*

hautes destinées auxquelles elle est appelée... »
Et voyez comme le peintre est resté fidèle à son
programme! Un paysage de l'Ile de France,
sans accidents grandioses de la nature ni prestige d'anciens souvenirs ; assez banal sans doute,
avec son horizon de petites collines ondulées,
sa rivière sinueuse, ses prés semés de bouquets
d'arbres à demi dépouillés, le long des moulins,
des fermes, des fours à poteries disséminés dans
la campagne. Au premier plan, dans la travée
du milieu, descendus de leurs mulets capara-
çonnés que gardent, plus loin, à droite, deux
serviteurs, les deux prélats s'avancent lentement
vers la foule amassée aux abords du village. Le
saint évêque d'Auxerre distingue la petite Geneviève, dont le maintien modeste et ingénu lui
fait augurer l'avenir prédestiné. D'un geste pa-
ternel, il lève ce jeune front candide qu'il contem-
ple avec une physionomie pleine à la fois de
bienveillance fine et intelligente et d'étonnement
respectueux. De toutes parts, se presse une population quasi primitive, rude et enfantine, unie
par le lien d'une foi ardente, étroitement sou-
mise à l'Église dont elle espère tout secours
contre les fléaux de la nature et les dévastations

des hommes. Ici, on offre les enfants à la bénédiction épiscopale, là on sort les malades ; les vieux infirmes s'agenouillent avec les autres. Tous attendent de la venue des saints hommes un soulagement ou une consolation et s'émerveillent, dans leur âme fruste et naïve, de la manifestation divine qui se produit miraculeusement sur une de leurs enfants. A gauche, les bateliers religieusement émus, arrêtent leur barque, ailleurs, des potiers abandonnent leurs fours. A droite, c'est un groupe charmant de jeunes femmes qui traient des vaches au devant d'un chaume ; l'une, en robe rouge, le visage grave, aux traits sculpturaux, — caractères que Millet seul a trouvés, de son côté, dans ses paysannes, — accroupie pour traire, près des poules qui picorent et des enfants, chers au pinceau du peintre : l'autre, en robe blanche, une fleur d'églantier dans les cheveux, se retournant à demi pour suivre la scène, avec une grâce exquise qui fait valoir sa fraîche et saine beauté.

Rien n'est plus élevé, plus idéal, plus synthétique, et en même temps rien n'est plus déterminé, plus vraisemblable, ne fait plus de l'histoire une résurrection de la vie.

Nulle œuvre de Puvis de Chavannes n'est devenue plus populaire. C'est à elle qu'il dut de voir cesser à peu près les plus stupides attaques et d'avoir été compris par tous. C'est qu'elle se présente comme le plus beau spécimen de décoration murale de la deuxième moitié de notre siècle et qu'elle a, avec ce mérite pittoresque qui n'est pas sensible à tous les yeux, un charme religieux de vieille légende, cette saveur particulière aux anciennes chansons populaires qui les rend accessibles aux foules.

Du Panthéon à la Sorbonne, de 1877 à 1887, dans l'espace de ces dix années, il faut placer, avec le *Ludus pro patria* (1882) qui venait affirmer si résolument sa puissance de compréhension de la vie et d'évocation du passé, l'importante décoration picturale du Palais des Beaux-Arts à Lyon : le *Bois sacré cher aux Muses* (1884), qui annonce déjà la Sorbonne, et le triptyque du *Rhône et de la Saône*, accompagné de ses deux panneaux latéraux : la *Vision antique* et l'*Inspiration chrétienne* (1886).

Voici comment l'auteur explique la formation de son sujet : « le Bois sacré cher aux Arts et aux Muses... était la composition génératrice de

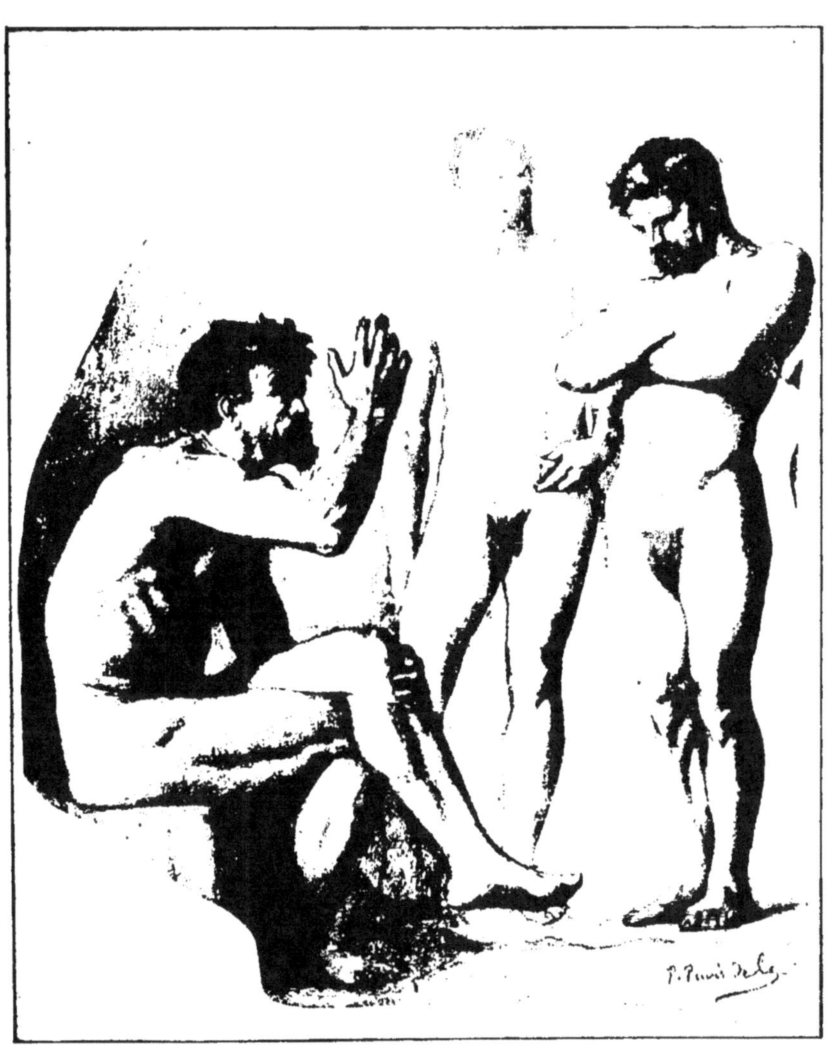

Puvis de Chavannes. — Étude pour le Repos.

(Musée du Luxembourg).

deux autres sujets : *Vision antique* et *Inspiration chrétienne*, l'art étant compris entre ces deux termes dont l'un évoque l'idée de la forme et l'autre l'idée du sentiment. Un quatrième panneau représente le Rhône et la Saône, symbolisant la Force et la Grâce. »

Dans la *Vision antique*, Puvis de Chavannes reprend sous un nouvel aspect son premier rêve de Marseille. Même disposition dans l'établissement du paysage avec les figures aux premiers plans et la mer, au fond, pour horizon ; même poésie songeuse et insinuante, produite par le prestige du décor et par la réalisation spontanée, comme sortie d'un songe, de la vie héroïque et familière d'une race simple, goûtant la douceur de vivre et se mêlant à la splendeur des choses : des femmes rêvant ou jouant avec des chèvres et, au loin, cette blanche cavalcade, descendue du Parthénon, caracolant dans la lumière au bord des flots bleus.

L'*Inspiration chrétienne*, c'est la vie austère des cloîtres du moyen âge, sous les voûtes que décore à fresque un peintre inspiré. Ses disciples attentifs contemplent son œuvre et des moines recueillis vaquent à leurs pieuses occupations,

au milieu de ce vibrant paysage montant au-
dessus des toits du monastère, où s'estompe le
cimetière qui les attend, peuplé de cyprès, sous
un ciel verdâtre.

Le Bois sacré cher aux Arts et aux Muses était
antérieur de deux ans. Comme dans la *Paix*, un
grand paysage sans ciel enveloppe les figures
qui s'éclairent, sur le fond sombre des arbres,
de clartés surnaturelles. Sous des bouquets clairsemés de lauriers, d'oliviers et de jeunes chênes,
près d'un étang aux eaux réverbérantes, de
jeunes femmes, agréablement groupées au pied
d'une sorte de portique, songent, chantent ou
déclament des vers. Vers elles s'avancent vivement, à gauche, dans un vol horizontal, deux
blanches figures, dont l'une porte une lyre. Des
jeunes gens cueillent des fleurs et tressent des
couronnes, dispersés dans ce frais paradis.

Le charme attirant de cette composition est
produit en grande partie par le rôle prépon-
dérant du paysage qui accuse chaque jour sa
place plus importante dans l'œuvre du maître.
C'est ce qui faisait déjà la séduction de *Doux
Pays* (hôtel de M. Bonnat) du Salon de 1882 ;
ce sera l'un des attraits les plus puissants de la

décoration de la Sorbonne, dont le carton fut
exposé en 1887. On lui imposait ici presque le
même sujet que dans le *Bois sacré* : un hommage
aux Lettres, aux Arts et aux Sciences, et la tâche
était malaisée. Mais cet esprit solide et réfléchi
a montré combien la difficulté, loin de nuire à
son inspiration était, au contraire, un stimulant
pour son génie créateur.

Cette vaste composition, qui ne comprend pas
moins de quarante-quatre personnages, est en-
fermée, sous un ciel vibrant d'une clarté étrange
et douce, par une enceinte circulaire de forêt
qui semble l'isoler de tous les tumultes humains.
Au centre, harmonieusement assemblés sur les
premiers plans, à l'ombre transparente de bouquets d'arbres clairsemés qui forment comme un
temple naturel au milieu de l'hémicycle, sont
disposés les principaux personnages idéaux de
cette savante et simple allégorie, unis entre eux
par leurs rapports naturels. Dans le but de
reposer l'œil en limitant le regard et de diviser
logiquement les éléments du sujet, deux faisceaux
d'arbres élancés jaillissent du premier plan et
partagent cette composition en trois panneaux à
peu près égaux.

Suivons, pour nous expliquer le sens exact
de cette allégorie, les éclaircissements de l'auteur
lui-même :

« Cette composition, appelée à décorer l'hémicycle du
grand amphithéâtre de la Sorbonne, monument élevé aux
Lettres, à la Science, à la Philosophie et à l'Histoire, se
divise en trois parties. — Au centre, sur un bloc de marbre,
est assise l'antique Sorbonne, ayant à ses côtés deux génies
portant des couronnes et des palmes, hommages rendus
aux vivants et aux morts glorieux. — Debout, l'Éloquence
célèbre les luttes et les conquêtes de l'esprit humain. —
A droite et à gauche sont groupées des figures attentives,
symbolisant les diverses poésies. Du rocher qui les porte
s'échappe la source vivifiante ; la Jeunesse y boit avide-
ment et la Vieillesse y puise une nouvelle force.

« Le compartiment de gauche est réservé à la Philosophie
et à l'Histoire, symbolisées, la première par un groupe de
figures représentant la lutte du spiritualisme et du maté-
rialisme en face de la mort, l'un s'affirmant par un geste
d'ardente aspiration vers l'idéal, tandis que l'autre montre
une fleur, expression des joies terrestres et des transformations successives limitées à la matière. — Le second
groupe montre l'Histoire interrogeant le passé, figuré par
d'antiques débris que l'on vient d'exhumer.

« Le compartiment de droite est consacré à la Science.
Le premier groupe faisant suite aux Muses se compose de
quatre figures : la Botanique, la Mer, la Minéralogie et la
Géologie. Des jeunes gens s'émerveillent de ces richesses
tandis que d'autres, groupés devant une statue de la Science,
jurent dans un commun élan de se vouer à elle. — Trois

jeunes hommes, absorbés par l'étude, ferment la composition. »

Nous ne nous lasserons pas d'admirer le sens profond d'imagination symbolique de cette nature, spontanée mais réfléchie qui, puisant toujours à la source de vie, fuyant avec horreur la froide rhétorique des académies, abandonnant le vieux stock rebattu des emblèmes surannés, évoque ces grandes personnalisations idéales par les fonctions mêmes qu'elles représentent. C'est un monde irréel, mais c'est toujours la vie qui anime ces figures, aux attitudes éloquentes, de l'Histoire, de la Philosophie, des Sciences et qui les unit sans surprise et sans désaccord avec les êtres plus concrets des humains mêlés à leur monde supérieur.

C'est le plus rare exemple, dans la peinture, du renouvellement de l'allégorie en dehors des conventions académiques, par l'emprunt exclusif de toutes ses ressources dans le sujet propre.

Si la décoration de la Sorbonne peut être rattachée à quelque glorieuse tradition, avec sa « Vierge laïque » suivant l'expression du maître, ses nobles ou saintes images des Muses, de l'Éloquence, de l'Histoire, de la Philosophie, etc., avec la splendeur apaisée de son incomparable paysage, le charme de ses rares et exquises harmonies qui pénètrent l'âme, avec, même, cette austérité mêlée à la grâce, cette légère gaucherie archaïque unie à tant d'aisance et de naturel, cette variété hardie dans les groupements et les attitudes, ce sens expressif du geste, n'est-ce pas toujours, sans qu'on puisse expliquer ici comment, à l'enseignement éternel de Giotto, attendri par la caresse de l'École de Sienne, à ces inoubliables allégories qui rayonnent dans leur grâce enchanteresse et leur doux éclat, à Florence, dans la chapelle des Espagnols.

Ne pensez-vous point, également, en contemplant cette nouvelle vision si étrange et si séduisante du Musée de Rouen : *Inter artes et naturam* (1890), qui est comme un développement nouveau des conceptions précédentes, ce verger dont les arbres se réunissent en arceaux naturels, ces personnages rêvant, devisant, étudiant dans une paix élyséenne, à ces bosquets d'orangers, croisés en berceaux, au Campo Santo de Pise, sous lesquels s'entretiennent, disant des vers, jouant de la cithare ou du théorbe des jeunes seigneurs et des belles dames, gravement et

amoureusement? Et pourtant rien n'est plus
moderne, sinon dans les formes pittoresques, —
et ici l'artiste a fait appel au vêtement contemporain qu'il a tenté de généraliser par l'emploi
exclusif de ses éléments essentiels, — sinon dans
le décor dont le fond, comme sur le revers d'une
plaquette de Roty, évoque le panorama grandiose
du large fleuve avec ses îles verdoyantes et de
l'opulente et vieille cité, pour préciser le lieu,
motiver le sujet, du moins dans l'esprit même
de cet art tout imprégné d'émanations contemporaines.

En effet, sur une pelouse décorée de véné-
rables débris envahis par les herbes folles et les
lierres grimpants, une vingtaine de personnages,
artistes dessinant, jeunes femmes peignant ou
cueillant des fleurs qui ont, grâce au modèle
choisi (un dessin nous en fait confidence), une
grâce un peu britannique, forment des groupes
épars reliés entre eux par l'intérêt qu'ils semblent
prendre les uns aux autres.

L'année suivante, 1891, à côté des panneaux
complémentaires du Musée de Rouen, la *Poterie*
et la *Céramique*, apparaît la première des compo-

sitions, destinées à l'Hôtel de Ville de Paris, qui se succèdent durant l'espace de quatre années.

Sur l'une des parois du Salon d'arrivée, c'est l'*Été* (1892). De chaque côté de la baie qui échancre la partie inférieure du panneau, des jeunes femmes s'étendent sur l'herbe ou plongent ingénument leur nudité dans l'eau d'un bleu intense, avec un souvenir d'Amiens, comme nous l'observions antérieurement. Tout en haut de ce paysage montant, des moissonneurs chargent les foins dans une plaine où se dressent les silhouettes augustes de vieux arbres, patriarches solennels dont les verdures se mêlent, dont les branchages lourds touchent le sol, tandis que, au fond, sur les coteaux qui ferment l'horizon, se confondent les reflets bleus du ciel et la clarté rose du soleil en un violet pâle et vibrant. C'est le chant de la splendeur de l'Été et de la puissance de la Terre, de la beauté des choses qui s'épanouissent librement à la lumière dans leur maturité, la glorification de la simplicité et de la noblesse du travail en plein air, qu'embaument les senteurs des foins coupés et des végétations qui s'échauffent, tout un rêve profond de large et sereine harmonie.

L'*Hiver* (1893), en' face, présente un aussi incomparable paysage, plus impressionnant encore, s'il se peut, dans sa triste et austère grandeur. Une large clairière, blanche de neige, coupée de flaques gelées, plantée de hauts arbres nus et espacés ; à droite, fermant l'horizon, la ligne bleuâtre d'une forêt. Ici, des bûcherons abattent un arbre, là, des forestiers chargent des fagots ; au loin, s'arrondit une hutte de charbonniers. Et tandis que, au fond, passe un équipage de chasse avec ses meutes et ses cavaliers, image des plaisirs que les heureux de la terre trouvent même par les jours les plus ingrats, à gauche au premier plan, sous un fragment de ruine, le symbole sacré de la Charité est représenté par un groupe de bûcherons : l'un offre un pain à une pauvre femme, dont l'aïeul s'est blotti sous les vieilles pierres humides, tandis que, l'autre a pris son enfant dans ses bras pour chauffer à un feu de branchages ses petits pieds refroidis.

Quant à l'escalier de l'Hôtel de Ville, c'était un véritable tour de force à accomplir. Il eût fallu, croyait-on, un Véronèse ou un Tiepolo pour tirer quelque parti de ce plafond, de ces

voussures, de ces tympans, de ces écoinçons,
toutes ces surfaces découpées appelant, sem-
blait-il, des figures mouvementées, qu'eût en-
couragées, d'ailleurs, le style du monument.
Comment un décorateur si calme, si rêveur, si
apaisé, habitué aux larges parois verticales qui
laissaient un libre essor à ses visions grandioses,
parviendrait-il à résoudre ce problème épineux?—
Comme toujours, par la plus déconcertante simplicité. Le plafond est conçu franchement en
tableau, célébrant fraternellement, par un touchant hommage, la plus grande figure littéraire
qui partage avec lui la gloire poétique de cette
deuxième moitié du siècle. C'est : *Victor Hugo
offrant sa lyre à la Ville de Paris*. Les petites
compositions accessoires ont reçu, soit des sujets
symétriques, soit de petites scènes variées qui
symbolisent les vertus et les grâces de Paris. On
ne pouvait prévoir, quand parurent au Salon ces
arrangements d'un goût florentin, assez austères,
ce camaïeu un peu pauvre, quel ensemble de la
plus heureuse harmonie, chantant doucement
dans la pierre blanche, composeraient ces lignes
simples et ces beaux tons bleus, mauves et
maïs.

L'Amérique, qui a recueilli tant de peintures de chevalet du maître ou de ses répétitions amoindries, a voulu posséder sa part du grand œuvre décoratif de Puvis de Chavannes. Elle a été servie à souhait. L'infatigable travailleur en a profité pour effacer la mélancolie secrète qu'éveillait en lui la glorification de son soixante-dixième anniversaire. Il n'a pas trouvé sa carrière suffisamment remplie à son gré. Aussi la ville de Boston peut-elle s'enorgueillir de ces belles conceptions synthétiques qui personnifient, sous la figure d'un grand poète d'autrefois : Virgile, Eschyle, Homère, au milieu du merveilleux paysage méditerranéen cher à son imagination, les formes diverses de la poésie, ou bien symbolisent, par des scènes générales ou épisodiques, l'Histoire et l'Astronomie. Peut-on 'oublier, quand on l'a vu une fois, le merveilleux ensemble de l'escalier de la Library de Boston, qui rayonne avec une calme et incomparable splendeur dans son décor architectural, d'un si beau ton de vieil or, de marbre de Sienne? Et tous ces grands panneaux élyséens et ces visions symboliques, telles que cette audacieuse et éloquente interprétation de la Physique (l'Électricité) : la Bonne et la Mauvaise Nouvelle, qui se hâtent et cherchent à se dépasser le long des fils du télégraphe? « *Les Muses inspiratrices acclament le Messager de lumière* » (1894-1896), volant si doucement dans ce doux paysage de bois grêle, sur le fond intense du ciel et de la mer, dans leurs blanches et légères draperies, est encore un des aspects renouvelés d'une de ses inspirations favorites. C'est aussi une des plus exquises figurations de ces êtres aériens, nés de l'éther, dont le vol paisible qui rappelle celui des anges dans les tableaux des anciens primitifs, a été pour lui, depuis le *Rêve*, un constant sujet d'étude.

Le carton du *Ravitaillement*, exposé un instant au Salon de 1897, que nous étudions plus loin, à part et le panneau de *Sainte Geneviève veillant sur la ville endormie*, exposé au salon de 1898, complètent la grande œuvre décorative de Puvis de Chavannes. On peut les considérer comme la formule la plus entière de ce génie qui n'a eu en vue, dans son art, qu'un moyen d'expression dénué de virtuosité et de coquetterie, pour traduire son rêve de belles formes, de nobles ordonnances et de hautes pensées.

La voici, en effet, la grande Sainte, amaigrie par l'âge, émaciée par les prières et les jeûnes, spiritualisée par toute une vie de dévouement et d'amour, qui « veille avec une pieuse sollicitude sur la ville endormie ». C'est la nuit, bleue, transparente et solennelle. La lune blanchit les dalles de la terrasse de l'étroite maison, allongeant sur le sol une ombre large et limpide, dans laquelle fleurit doucement, avec une coquetterie qui rappelle la présence de la femme, une plante aux fleurs violettes ouvertes aux fraîcheurs de la rosée. A droite, par la porte entr'ouverte, vacille la lueur rougeoyante d'une petite lampe qui éclaire, en luttant contre la clarté laiteuse de la lune, l'intérieur ascétique de la sainte. Geneviève, debout, appuyée sur le parapet, profile sa silhouette austère et méditative sur le ciel profond, d'une sérénité pacifiante d'accord avec ses pensées. Elle s'est levée pour contempler lentement, longuement, sa ville avec amour. A ses pieds, la petite cité engourdie presse la croupe arrondie de sa basilique, ses toits bruns serrés dans l'enceinte des remparts aux tours carrées et, dans le fond, comme une mer semée de voiles, s'étend la plaine bleue où pointe vaguement la blancheur des lointains monastères.

Il n'est personne, je crois, qui puisse résister au charme enveloppant de cette vision si simple et si émouvante, et lorsqu'on est assez maître de soi pour songer à l'analyse des moyens employés pour donner une telle secousse à notre imagination, on reste surpris de voir avec quelles pauvres ressources Puvis de Chavannes a accompli une si grande chose. Les lignes les plus calmes, les plus tranquilles, les moins compliquées, des colorations réduites presque au camaïeu, pas de gestes, d'action, pas d'intérêt autre que le lien étroit que l'on sent entre cette silhouette humaine et ce paysage, entre la sainte et sa ville. Juste les termes nécessaires pour parler cette langue si éloquente, sans un mot de trop, sans un mot de moins, en visionnaire uniquement préoccupé de vous faire entrer dans son rêve bienfaisant de paix et de sérénité. C'est la décoration comprise dans son plus haut sens de consécration historique et d'enseignement moral.

*
* *

A travers cette suite si vaste de décoration

monumentale, pointent, de temps à autre, quelques toiles de chevalet qui, pour être moins connues, peut-être même moins généralement goûtées du public, n'en sont pas moins d'un intérêt réel, soit en elles-mêmes, soit au point de vue des révélations dont elles sont pleines sur le caractère de leur auteur. Conçues soit comme délassement, soit comme recherches de formes ou de métier, soit comme reprise fragmentaire de tel ou tel morceau de ses grandes compositions qui lui paraissait propre à être accentué isolément, on trouve peut-être en elles, plus encore que dans ses peintures murales, où son esprit discipliné se soumet étroitement aux exigences du sujet et du local, d'indépendance, d'insistance, d'acuité pour exprimer le fond de son idéal plastique ou les aspirations de sa conscience morale.

Les unes nous montrent le grand contemplatif en face du monde extérieur, s'efforçant à réaliser son rêve de rythme et de beauté en exaltant certains actes généraux de la vie humaine se déroulant au milieu du grand décor merveilleux auquel il les associe ; les autres sont des compositions qui, soit qu'elles s'adressent à des

motifs définis, à des mythes, à des sujets légen-
daires, à des paraboles connues, soit qu'elles
revêtent une forme symbolique propre, peuvent
être opposées aux précédentes comme nous donnant l'image de sa vie intime et subjective et
présentant, directement ou indirectement, une
sorte d'enseignement moral.

Avec l'*Automne*[1], le *Sommeil*[2], *A la Fontaine*, 1868, l'*Été*[3] (qui se rapportent à sa
première manière décorative par l'ampleur de
leurs formes, leurs belles ordonnances à la
Poussin), *Tamaris, Jeunes femmes à la toilette, Jeunes filles au bord de la mer* (1879),
Doux pays (1882), etc., ce sont constamment
des visions calmes et souriantes, des voiles
blanches qui glissent sur des flots bleus, des
femmes rêvant ou paisiblement occupées, des
apparitions neigeuses, des rêves de soleil, de
fruits d'or, de formes blanches et voluptueuses,
en opposition à des conceptions austères et mé-
lancoliques, contraste émouvant, exprimé avec une
pitié pleine de tendresse, entre l'essor des rêves

1. (1864) Musée de Lyon.
2. (1867) Musée de Lille.
3. Musée de Chartres.

humains et les détresses perpétuelles de la Vie.
Ce ne sont plus alors que d'âpres Thébaïdes, des
landes mortes, des terrains brûlés ou marécageux,
des roches stériles dans lesquels se désole *Orphée*,
étendu sur les sables, par lesquels erre *Madeleine*,
où l'*Enfant prodigue* traîne ses remords, où le
pèlerin harassé se berce dans le *Rêve* d'illusions
décevantes, paysages mornes qu'attriste encore
la silhouette navrante du *Pauvre pêcheur*, agenouillé tout transi devant ses filets vides —
dernière expression de la misère — mais où
pousse aussi quelquefois, à travers les ruines
et les tombeaux, la frêle et délicate fleur de
l'*Espérance*.

*
* *

Visions merveilleuses, généralisations idéales,
grandes et fortes synthèses de l'Humanité, magiques évocations du passé, symboles émus et
expressifs, quelles que soient les formes que
revêt son rêve, quels sont les caractères distinc-
tifs qui marquent cette œuvre dans son milieu
contemporain? Comment ce voyant a-t-il con-
templé le spectacle du monde, comment a-t-il
compris l'homme et la nature, isolés ou dans
leurs rapports mutuels, soit qu'il les ait conçus

comme types de son idéal de beauté et d'harmonie, soit qu'il les ait choisis comme termes du langage éloquent qui doit parler aux yeux pour atteindre l'âme ? — De toute façon, même lorsqu'il traduit en images corporelles les idées abstraites de l'allégorie, il éveille ou ressuscite tout par la Vie.

C'est qu'il a l'horreur du convenu, des grimaces reçues, de toutes les routines lentement amassées par les siècles, consacrées par le succès, qui composent le fonds pédagogique avec lequel on forme les générations et sur lequel nous continuons à vivre. Avec une haute et sereine indépendance, sans prétentions et sans bruit, il a lutté avec une ténacité, une patience inlassables, jusqu'à ce qu'il ait pu s'arracher victorieusement au despotisme des Écoles et des Académies, jusqu'à ce qu'il ait trouvé la perception ingénue du monde comme s'il était né spontanément sans avoir subi aucun contact pernicieux. Par ce culte étroit, fidèle et intolérant à la vérité — qu'il ne faut point confondre avec l'exactitude — il aura eu une influence salutaire sur notre temps. Il aura réagi contre les beaux mensonges des grands décorateurs italiens de la

Renaissance. Car le xvie siècle a troublé tous les esprits, il a fait naître le goût de l'art pour l'art, des virtuosités, du dilettantisme, du beau geste, des déhanchements, de toutes ces poses contournées des corps qui portent tantôt sur une jambe, tantôt sur l'autre, de ces bras arrondis qui présentent le moindre plat en cadence, avec des airs de tableaux vivants de foire, ou mieux comme dans les danses des matassins et des mamamouchis de Molière. « Si les primitifs paraissent gauches à côté de ces décorateurs du xvie siècle, me disait-il un jour, ce n'est pas étonnant. Ce n'est pas qu'ils soient gauches, c'est qu'ils sont simples et vrais. Voyez ces drape-ries qui, depuis, flottent furieusement dans tous les tableaux! s'il faisait vraiment un vent à chiffonner ainsi toutes les étoffes, jamais les corps eux-mêmes ne pourraient garder l'équi-libre. L'air doit les porter comme l'eau porte les poissons. »

Esprit sain, d'ardent enthousiasme et de vive sensibilité mais de raison et d'ordre, de clarté et de méthode, c'est donc vers les primitifs qu'il est remonté pour chercher un guide, et surtout vers le premier d'entre tous, vers celui qui l'attirait par tant d'affinités natives, vers le grand Florentin qui a relié au passé glorieux de l'humanité le monde obscur des temps chrétiens par la religion ressuscitée de la nature et de la vie: Giotto.

Son œuvre est, sans doute, à peu près dépourvue de drame. Tout au plus, dans la *Guerre*, entend-on l'éclat strident des trompettes victorieuses et les lamentations des vaincus ; tout au plus voit-on se lever le marteau des forgerons sur l'enclume du *Travail* et s'abattre le glaive du farouche exécuteur sur les épaules de saint Jean-Baptiste. Partout l'action est modérée, le sentiment contenu, comme il convient pour la stabilité des lignes architecturales et comme il doit être dans un monde supérieur. Mais si limitée que soit l'action, elle est l'image même de la vie par la vérité de l'attitude et la justesse du geste, toujours exact et mesuré, jamais forcé, ni à côté, ni théâtral, si expressif parce qu'il est toujours approprié à l'acte ou au rôle moral de l'individu. Cette concordance parfaite de tous les gestes dans des actions différentes, mais vers une pensée unique, crée le lien moral qui donne à ses compositions les plus étendues et les plus

variées une si forte et si imposante unité. Comme
le geste, il a compris la physionomie, la noblesse
de ces grandes figures idéales qui symbolisent
les plus hautes vertus ou les plus pures inspirations humaines, et, bien qu'on l'ait accusé d'a-
voir créé des personnages imaginaires sans
caractère de races, sans type individuel, nul
n'a mieux trouvé, à l'exception de Millet, la
candeur simple ou l'ardeur réfléchie, les gestes
lents et les figures pensives de ces êtres som-
maires et primitifs qui restent toujours dans le
paysan de nos pays. Il n'est qu'à feuilleter les
innombrables études recueillies en vue de chacune de ses prétendues « improvisations »,
comme disait About, pour s'assurer combien
toutes ces figures sont soigneusement étudiées
sur la vie.

Je ne m'arrêterai pas sur la façon dont Puvis
de Chavannes a compris le costume historique,
renouvelé la draperie, en particulier dans ces
figures volantes qui protestent contre le passé et
qui ont déjà formé des générations plus vraisem-
blables d'êtres ailés chez quelques-uns de nos
jeunes contemporains, ni comment il a tenté de
généraliser le vêtement de nos jours. Mais je

voudrais dire encore un mot de sa conception de la beauté.

Nul plus que cet ascète solitaire enfermé, semble-t-il, dans son austère Thébaïde, n'a été aussi sensible au charme de la femme et aux grâces de l'enfance. Certaines de ses femmes antiques, songeuses et nonchalantes, au sourire grave et mélancolique, ont quelque chose d'un peu lassé, je ne sais quoi de fatal qui fait penser à l'antiquité de Lucrèce, à cet âge d'or où pesait quelque sourde angoisse. Il a créé les figures les plus idéales, les plus chastes et les plus pures qui pussent se donner comme les manifestations concrètes de nos plus saintes idées et il a créé aussi, avec cette fleur exquise de jeunesse et de foi qui est l'*Espérance*, cette saine et forte beauté des femmes robustes du Panthéon, d'une grâce si fraîche et si simple, sans mièvrerie et sans manière, fleurant bon la verte campagne, qui sont bien de la race de Jeanne d'Arc.

Quant aux enfants, plus d'amours souriants ni d'angelots bouffis, mais de chers petits corps dont il a senti l'exquise gaucherie, les petits gestes délicieusement maladroits. Il y en a dans toutes ses compositions, exprimés avec un vrai sentiment ému. Car ce songeur grave et viril est un tendre. Il aime les enfants, les femmes, les petits, les simples. De son œuvre s'exhale un parfum d'évangile tel qu'il se retrouve quelquefois dans certains poètes de l'antiquité.

Un des plus puissants prestiges de l'art de Puvis de Chavannes réside, nous l'avons vu, dans sa compréhension des grandes harmonies naturelles. Il observe une sorte de panthéisme inconscient qui se rencontre chez presque tous les grands primitifs. Comme eux, il a compris l'accord des figures avec le décor qui les environne, la participation insensible des témoins inanimés à la scène qu'ils encadrent, de même que les acteurs principaux appartiennent, on le sent, à ce décor. Car ces accords de l'homme et de la Nature, sympathiquement transfigurée comme par la vision des spectateurs qui eussent assisté à la scène, ce lien étroit des figures au sol, qui est dans la vérité philosophique ou morale, est aussi dans la vérité esthétique.

Une singulière erreur de ceux qui ont imité Puvis de Chavannes, c'est qu'ils n'ont jamais su faire lumineux. Il semble que le soleil ne se soit jamais levé dans leurs mornes et pâles paysages. Sans doute, on ne trouve jamais chez lui de violents contrastes d'ombre et de lumière ; même dans la nature méridionale, il aime la grande clarté tranquille. Ses scènes qui se déroulent, de préférence, dans les régions du Nord, se développent toujours sous des ciels très clairs, à la Corot, dans la transparence un peu voilée de l'atmosphère.

Comme je remarquais un jour la vérité de ses paysages, l'observation si précise de ses arbres dont les essences sont si exactement traduites dans leur esprit, surtout les attaches si justes des feuilles aux branches et des branches aux troncs, rendus comme les attaches d'une main à un bras, et d'un bras à l'épaule : « Mais je n'ai jamais fait, répondit-il, une étude sur nature pour mes paysages. Je regarde beaucoup, j'enregistre, et puis tout cela est une affaire de logique. Quand on connaît la logique d'un être, on sait comment il doit se comporter de toute façon ; quand on connaît la nature, les habitudes, la conformation d'un peuplier, on n'oublie jamais son anatomie figurée. » Mais si tous ses paysages sont faits de souvenirs, ou tout au plus, sur des indications notées, ce ne sont

pourtant point des paysages généraux et imper-
sonnels. Du jour où il a été appelé à exécuter
des décorations pour un but déterminé, tout a
été réfléchi dans sa composition ; il s'est préoccupé de tous les éléments qui devaient s'appli-
quer à l'édifice, au pays, au motif donné. Nous
l'avons vu à propos des décorations d'Amiens,
de Paris, de Lyon et de Rouen.

Il nous reste un mot à dire de sa technique.
Dans ce milieu intelligent et raffiné qui forma,
primitivement, son entourage, à côté de Delaunay, châtié et traditionnel, tout près de Gustave
Moreau, qui s'aventurait dans une préciosité
exaspérée, non loin de Fromentin ou de Ricard,
idéalistes savants, très soucieux de la pratique,
quels ont été à lui ses procédés? On les aura
définis quand on aura défini son but.
Or ce qu'il veut avant tout, c'est réaliser son
rêve, nous mettre en face de sa vision, se sup-
primer entièrement pour nous laisser seuls à
l'émotion du spectacle auquel il veut que nous
participions comme de véritables témoins inté-
ressés. Aussi ne s'arrête-t-il jamais en route, ne
s'amuse-t-il jamais à côté. Pour lui, comme

pour les grands primitifs, l'art est un moyen d'expression, aussi ne trouvez-vous en son œuvre aucun dilettantisme, aucune trace de virtuosité. Si même, au début, il rappelle par instants le souvenir de quelques grands noms d'autrefois, ce n'est point pour faire parade d'une érudition vaine, émailler sa toile de souvenirs ou de citations, mais uniquement pour chercher une aide afin de pénétrer plus à fond dans l'intimité des êtres et des choses.

Aussi, bien des esprits superficiels se sont trompés sur son art. Habitués aux morceaux d'exécution et de bravoure qui affluent dans les cartons de Musées, ces belles calligraphies, ces efforts patients, ces essais savants, ces études minutieuses, pleines de coquetteries involontaires, ils ne comprennent pas ce dessin d'aspect un peu pauvre, ayant quelque chose d'assez fruste, la saveur âpre de nature qui fait la force et le charme des primitifs. Il a pourtant montré, à l'origine, comme il s'entendait à écrire ces dessins soutenus, dont il abandonne peu à peu la formule, pour ne plus chercher devant la nature, dans des notes dépouillées de toute préoccupation étrangère à son idée, que les formes expressives dont il a besoin pour la traduire.

Nous avons vu comment sa vision des formes humaines se modifie insensiblement, passant d'un dessin ample, un peu arrondi et même trapu, aux musculatures accusées, pour se dégager assez vite vers un idéal plus nerveux, plus serré, plus libre, une écriture abrégée mais résolue qui détermine franchement la forme ; le dessin s'abandonne un peu à la fin, perdant de sa tension, mais gardant sa légère saveur archaïque, et tendant à ne devenir de jour en jour qu'un véritable moyen d'expression.

Puvis de Chavannes a caractérisé exactement sa manière de travailler en comparant son ouvrage à celui d'un opéra musical. « Le carton, c'est le livret, répétait-il volontiers, la couleur, c'est la musique. » La composition, chez lui, est toujours classique, ordonnée, équilibrée harmonieusement, ne dédaignant pas, parfois même, la symétrie, dans ce qu'elle a de grand et d'auguste. C'est dans ses petits tableaux qu'elle se présente dans son aspect le plus imprévu comme mise en toile ou disposition des personnages. Elle est toujours serrée, logique, aussi savamment liée par toutes sortes d'assem-

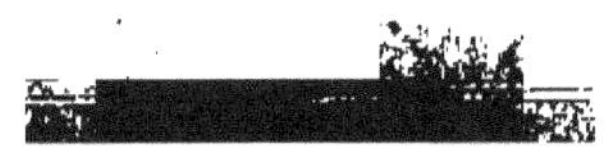

blages pittoresques et de liens moraux que si
l'artiste avait eu à exprimer tous ses symboles
dans l'étroitesse d'une médaille.

Une fois la composition terminée, non sans de
longues méditations et de patients sacrifices,
vient l'heure de la compléter et de l'animer par
la couleur. Chez lui, c'est bien en effet une
musique. Sans doute Puvis de Chavannes n'est
point, comme Delacroix, un harmoniste savant,
réalisant pittoresquement de grandes sympho-
nies orchestrées, mais il est bien le mélodiste le
plus délicat, le plus insinuant, le plus subtil.
Toute la force, toute la puissance et la virilité de
son œuvre viennent de la composition et du dessin ; toute la grâce, tout le charme, toute la tendresse, viennent de l'enveloppement féminin, du
prestige mystérieux du ton qui exalte lentement
l'imagination. Ici pas de touches sabrées, pas
d'accords vibrants jouant les uns sur les autres.
Chaque morceau est modelé sommairement dans
son ton local avec, seul, un ton de lumière, et
l'accord est obtenu autant par l'enveloppe
aérienne que par les rapports délicats des tons.
Ce procédé très simple rappelle la manière si
exquise et si fraîche des fresquistes italiens ; il

fait songer aussi, par le choix de ses tons rares, variés, suggestifs, ses nuances rabattues, savamment réveillées par quelques notes plus accentuées, à certaines estampes japonaises dont les à-plats restent si doucement harmonieux.

Le travail de la brosse y est des plus simples. Il suit méthodiquement les indications du carton, ingénument, vigoureusement, sur la toile nourrie de belles et fortes pâtes qui prennent, avec le temps, un bel émail. Thoré l'avait bien jugé dès l'origine, quand il écrivait : «... il est peintre en même temps que compositeur ».

Et puisque nous avons le travers de penser toujours à l'École et de nous demander quelles leçons laissera tel maître après lui, comme si chacun d'eux était tenu de transmettre un enseignement professionnel à ceux qui suivront, puisqu'il ne nous suffit pas que ces grands solitaires nous aient donné de nobles et fortes joies, des émotions imprévues, que d'autres ne nous avaient point fait sentir encore, que personne après eux ne retrouvera plus exactement, quelle leçon irons-nous demander à cette œuvre immortelle qui domine notre art contemporain, paisiblement, hautement, sans bruit et sans éclat, par son rayonnement intense et doux?

Elle conseillera à tous ces imitateurs pâles et maladifs, qui l'ont si mal comprise, de se défier des pastiches veules et moroses et de remonter à la pensée de l'auteur, au principe de l'œuvre. Ils y trouveront, pour servir les qualités d'imagination féconde d'une nature éminemment instinctive et spontanée, — sans lesquelles il faut renoncer à être un vrai artiste, — un esprit simple, clair, logique et réfléchi, admirablement équilibré, disciplinant fortement ses facultés créatrices et sachant sacrifier toutes les vanités de l'exécutant pour réaliser, à tout prix, jusqu'au bout, les splendeurs de son rêve. Car, pour tout dire, il n'est rien de plus français que ce Florentin, d'une élégance un peu hautaine, et l'on découvrira peut-être un jour que, comme le bon La Fontaine, pour qui il montrait une certaine prédilection, il eut surtout le génie du simple bon sens. On y trouvera avec le culte fervent de la beauté, l'ardent amour de la vérité, du naturel et de la vie, la compréhension étroite des grandes harmonies qui nous entourent, senties avec une âme profonde de contemplatif, mais analysées soigneusement par un œil sain, clairvoyant et toujours logique. Vous trouverez aussi chez cet indépendant, avec l'horreur du convenu, des redites et des routines, le respect des maîtres.

Mais si, à côté de la nature, qui est le vrai guide de tous ceux qui se donnent à elle sincèrement, sans compromis ni capitulations intimes, vous lui demandez vers lesquels de ceux qui nous ont précédés il convient de solliciter quelques conseils ou quelque encouragement : « Prenez garde, dira-t-il, défiez-vous de la tradition. La tradition n'est qu'un guide. Il faut savoir choisir : il y a la tradition des erreurs comme il y a la tradition des vérités et nous savons, pour le malheur de l'humanité, laquelle des deux est le plus vivace. N'allez pas aux plus brillants, aux plus habiles, aux plus surprenants fascinateurs, mais aux plus sincères, aux plus simples, à ceux qui n'ont pas voulu vous étonner, mais vous charmer. Aimez-les et comprenez-les. Loin de vous éloigner de la nature, ils vous y ramèneront sans cesse. » C'est par là que Puvis de Chavannes, lui-même, relie notre temps à la grande tradition humaine qui passe de Poussin à Raphaël, de Raphaël à Giotto et de Giotto à Phidias, et que les songeurs futurs viendront aussi se tourner vers son œuvre pour apprendre à fixer par la Vie le rêve impatient de leur âme.

Novembre ~~1918.~~ *1898*

LA LÉGENDE DE SAINTE-GENEVIÈVE

" Le Ravitaillement de Paris "
par PUVIS DE CHAVANNES

Lorsque Philippe de Chennevières procéda à
la répartition des travaux pour le vaste concours
décoratif qu'il méditait au Panthéon et qu'il eut
établi son programme, il s'appliqua à en attri-
buer les diverses parties aux artistes favorisés
suivant la nature de leur talent.

Dans la légende de la sainte sous l'invocation
de laquelle était placé alors le monument, le
récit des origines de cette vocation sacrée avait
été confié, comme on sait, à Puvis de Chavannes.
Il se mit à l'ouvrage le premier, et inaugura la
série en 1878-1879, par son admirable ensemble

de l'*Enfance de Sainte Geneviève* qui assit défi-nitivement sa réputation dans le grand public, jusqu'alors assez récalcitrant.

On connaît peu de chose, historiquement parlant, sur le rôle de Geneviève, rien même pour ainsi dire ; sa légende ne fournit guère de fait précis que le vague récit de son intervention près des Parisiens qui voulaient fuir, qu'elle persuade de rester à l'abri dans leur île et qu'elle fournit de vivres en allant en chercher avec la flottille des mariniers jusqu'à Troyes et Arcis-sur-Aube. Le programme détaillé du projet de décoration du Panthéon, soumis au Ministre par Ph. de Chennevières, le 7 mai 1874, fixait en ces termes le sujet de cette partie : « *Sainte Geneviève, au milieu des horreurs de la famine, pendant le siège de Paris par les Francs. Elle a réuni la flottille avec laquelle elle va ravitailler Paris. Le quatrième entrecolonnement la mon-trera distribuant des provisions au peuple qui l'acclame.* »

La vieillesse de la sainte et l'épisode du ravi-taillement de Paris assiégé par les Francs, fut confié à Meissonier.

Il semblait au sagace directeur des Beaux-

Arts que nulle partie du programme ne pouvait
mieux convenir à ce réaliste foncier — bien que
son réalisme portât surtout sur le passé, et
c'était le cas ici — qui rêvait de sortir de ses
petits panneaux pour brosser de grandes choses.

Philippe de Chennevières s'était trompé. Meissonier fut très déçu. Il eût rêvé Jeanne d'Arc ou
Attila. Il sortit donc résolument du sujet donné
pour aborder une vaste allégorie de la glorification de la France, trop lourde pour ses minus-
cules blaireaux qui avaient fignolé précieusement
tant de charmants petits fumeurs et d'insolents
petits cavaliers. Meissonier ne poussa pas plus
loin que le dessin inachevé conservé à l'École
des Beaux-Arts.

Le panneau, devenu libre par la mort de
Meissonier, fut confié, par arrêté du 20 mars 1893,
à Puvis de Chavannes. Le successeur de Philippe de Chennevières ne pouvait être mieux
inspiré. Puvis accepta avec joie. Il n'eut qu'un
regret. Les travées qui lui étaient livrées, occu-
paient les entrecolonnements du côté gauche de
la nef, entre le transept et l'abside. Il eût désiré
échanger cette place avec celle qui avait été
accordée à Delaunay, dont les peintures, du

reste inachevées par suite de la mort du maître, n'avaient pas été marouflées, et qu'on eût pu, par une simple transposition du panneau isolé, reporter à la place qu'il abandonnait. Il semblait à Puvis, avec juste raison, qu'il eût été heureux d'opposer la vieillesse de la Sainte à son enfance, de mettre face à face l'œuvre d'un même artiste et de donner ainsi, dès l'entrée, une apparence d'unité à ce monument intérieurement si disparate... L'administration ne crut pas pouvoir donner suite à cette proposition. Puvis s'en consola plus ou moins et décida de se mettre à l'œuvre aussitôt qu'il aurait terminé ses travaux en cours.

Dès le milieu de 1895 il s'y prépare et, le 5 juillet, il écrit au Directeur des Beaux-Arts pour fixer les conditions du travail, dont le prix avait été fixé à 50.000 francs, en assurant M. Roujon de son désir de le mettre très prochainement en possession de ses cartons[1].

1. « Voici comment les choses se sont passées : quand j'ai reçu ma première commande du Panthéon, écrit au Directeur des Beaux-Arts Puvis de Chavannes, l'État a fait exécuter au dixième, je crois, et à ses frais une épure représentant l'ensemble et les détails de la muraille à décorer : plinthes, entre-colonnement, frises, etc. Cette épure, faite sur toile, était destinée à l'artiste pour y peindre son esquise.

Ils figurèrent au Salon de la Société Nationale
des Beaux-Arts en 1897, exposés, après l'ouverture, et sans figurer au catalogue. Le quatrième
entrecolonnement représentant la *Sainte veillant
sur la ville endormie* fut exposé, terminé, au
Salon de 1898.

Les projets de Puvis avaient été cependant
retardés. En 1895 et 1896, il eut à terminer les
vastes décorations pour la Bibliothèque de Boston. De plus, il fut très éprouvé par une longue
maladie de la princesse Cantacuzène, suivie,
l'hiver suivant, d'une attaque d'influenza qui
l'abattit à son tour et le tint plusieurs mois à la
chambre. C'est à la suite de ces pénibles incidents
que leur mariage fut décidé de manière à ce que
leurs misères ou leurs infirmités fussent mises
en commun et qu'ils pussent se prêter mutuellement leurs soins.

Il semble donc que, à l'exception peut-être
des premiers croquis, très différents comme

« C'est également aux frais de l'administration qu'a été exécutée la bordure ainsi que le jeu de fond de la frise.

« M. Galland avait été chargé de ces travaux dans tout le
Panthéon. Aujourd'hui je demande que la partie de ce travail
qui me concerne soit confiée à M. Karbowsky, artiste de
grand mérite. »

conception du reste de ses recherches, tous ses travaux préliminaires aient été entrepris à la même date et précèdent d'assez près le grand carton exposé.

La santé de Puvis resta très ébranlée des crises par lesquelles il venait de passer. Sa vaillance était aussi grande, son intelligence aussi libre, mais ses forces physiques avaient décliné et lorsqu'il fut parvenu à l'exécution définitive, il dut avoir recours à l'aide de ses excellents collaborateurs ou élèves : M. Karbowsky, qui s'occupa de la partie décor et mit en place les architectures et M. Victor Koos, disciple de prédilection, qui fut, sous sa direction, un si fidèle et si précieux instrument. La frise, pourtant, ne put être achevée. Le dessin, seul, a été fixé sur la toile. Une heureuse détermination vient d'être prise relativement à l'achèvement de cette partie de la décoration dont l'absence, actuellement, porte préjudice au reste[1].

Aujourd'hui, seulement, je voudrais m'attacher à la décoration principale pour fixer l'his-

---

1. Ce travail a été confié, comme il convenait, à M. Victor Koos, qui a restauré, avec tant d'intelligente piété, les décorations d'Amiens.

toire des variations de la pensée de l'artiste avant de s'arrêter au thème définitif. Je voudrais montrer par quel lent processus de réflexions, de logique et d'esprit de sacrifice, il est arrivé, d'un sujet très complexe, à cette extrême simplicité, — simplicité si éloquente qu'il n'est peut-être pas d'ensemble plus fortement expressif dans son œuvre.

Le Musée du Luxembourg possède, en effet, avec l'esquisse finale, ou, plus justement, avec une petite réplique peinte après coup, une soixantaine de dessins ou croquis qui ont servi à la préparation de ce grand travail.

Soixante dessins et, dans ce nombre, aucune étude de détail, aucune préoccupation de « morceaux ». Rien que des recherches de composition, sans exception aucune. Une fois la composition décidée, le reste n'était plus une bien grosse affaire et Puvis, malgré son état de santé, se sentait en mesure d'entreprendre directement son étude au dixième et de la répéter ensuite sur la toile avec l'aide de ses collaborateurs, sans autres travaux préliminaires. Il se servit, du reste, cette fois, très peu du modèle vivant et l'établissement du projet fut, en somme, assez vivement mené, une fois que tous les éléments essentiels eurent été trouvés et que leur place exacte eût été déterminée.

Car c'était là pour lui tout le problème. Il faut voir, sur ce point, comme sa pensée est attentive, comme sa réflexion s'exerce, à tout moment, sur toutes les occasions qui lui sont offertes. M. Jules Buisson, ancien député de l'Aude à l'Assemblée nationale, vieux camarade de Puvis, cite, avec à propos, dans la *Gazette des Beaux-Arts* (juillet 1899), la note dans laquelle le peintre détaille au Directeur des Beaux-Arts son projet de décoration de l'*Enfance de sainte Geneviève*, tel qu'il l'a conçu. C'est à faire lire à tous les peintres.

On y peut voir avec quelle conviction il entre dans son sujet, avec quelle préoccupation de le voir au dedans de lui nettement et clairement, non point comme s'il imaginait quelque chose, mais comme s'il réveillait des souvenirs. Il veut se persuader qu'il a été mêlé à l'incident en obscur témoin oculaire, attentif aux événements quoique mêlé dans la foule. Les personnages qu'il met en scène, sont, même, non point des

types créés de toutes pièces par son cerveau,
mais des réminiscences plus ou moins précises
d'individualités qu'il a rencontrées. Ne nous
dit-il pas, à propos de l'*Enfance de sainte Geneviève*, que « la physionomie de saint Germain
lui a été inspirée par la rencontre d'un digni-
taire de l'Église dont il-ignore le nom et qu'il
n'a fait qu'entrevoir » ? La plupart des autres
assistants sont, de leur côté, « des parents ou
des amis ». Non pas qu'il se soit amusé à ces
transpositions concertées, telles que les a com-
prises, dans le même monument, Joseph Blanc,
qui s'est plu à déguiser en bienheureux et en
martyrs Gambetta, Clémenceau, Paul Bert,
voire Coquelin aîné. Mais parce que leurs physionomies familières se sont imposées à son
imagination pour répondre à tel ou tel caractère cherché.

Ah! celui-là, certes, ne travaillait pas pour
les critiques d'art. Il ne pensait pas à briller par
la virtuosité de son métier, l'éclat de sa palette
ou les tours de force de sa brosse. Il est le plus
admirablement pauvre des techniciens. Il ne
songe pas à faire valoir ses habiletés aux dépens
du sujet. Car il y croit, à son sujet, il s'y

enfonce en plein, naïvement, comme les bons
couvreurs de murailles des temps jadis qui
parlaient, pour tous, une langue comprise de
tous, sur des choses que tous connaissaient.
Devant sa toile, il croit que « c'est arrivé »,
comme un paysan qu'on mène au théâtre. C'est
le grand secret de sa puissance communicative.

J'ai vainement espéré, à l'occasion de cette
dernière commande, découvrir, dans son dos-
sier, une page de même nature. Elle eût été
d'un précieux enseignement. Mais, à son défaut,
ses dessins nous parlent et un examen recueilli
permet de les classer assez exactement et de
suivre les vicissitudes de l'œuvre à travers les
fluctuations de sa pensée.

Tout au début, nous trouvons un singulier
croquis, crayonné d'abord confusément, puis
repris à la plume et teinté au lavis avec le
souci de distribuer les masses, d'indiquer largement les données du problème. C'est absolument la première pensée ; elle peut être même
assez lointaine et remonter, sinon à 1893, du
moins à 1895. Ce croquis est sommaire, il faut
un peu d'attention pour le déchiffrer ; on y
parvient, toutefois, sans trop de peine. Comme

on peut le voir, dès ce premier moment, Puvis
est sorti des limites du sujet, telles qu'elles
avaient été fixées par Philippe de Chennevières.
Il a supprimé l'épisode de la réunion de la
flottille; il a pris pour motif de la composition
principale celui qu'on lui avait indiqué pour la
quatrième travée isolée, et, pour ce dernier
panneau, il a inventé, et avec quel bonheur!
un motif qu'on n'avait pas prévu.

Ainsi, ce sujet, c'est le *Ravitaillement de
Paris*. La sainte revient par la Seine avec la
flottille chargée de vivres, et elle est reçue, aux
portes de la ville, par la population qu'elle va
délivrer des tortures de la faim et des angoisses
de la peur.

Puvis saisit aussitôt deux actes, correspondant à deux grands groupes qui vont se faire
face et s'opposer en détachant entre eux la figure
de la sainte.

A gauche, les remparts de la cité, avec leurs
tours couvertes d'assiégés, et la porte d'où sort
la foule, qui monte vers la berge haute et paraît
acclamer Geneviève. A droite, sur la rive basse,
une barque semble décharger des vivres; une
vache, conduite par un bouvier, s'avance

jusqu'au milieu du panneau central. Des collines servent de fond à la figure de Geneviève qui se dresse debout, au milieu des eaux du fleuve, en avant, sur une sorte de barcasse plate ou de radeau, suivi, en arrière, d'autres vagues embarcations sans voiles. Dans ce premier croquis, la rive opposée, à droite, au fond, est également bordée de fortifications. L'auteur ne se fait pas, à ce moment, une idée bien nette du plan de la cité; il oublie que c'est une île. Cette erreur, du reste, ne persistera pas. La sainte est reléguée tout à fait au fond du panneau de droite; le terre-plein, sur lequel se tient la foule, occupe le panneau central. Cependant, dans un deuxième croquis, il la ramène au centre.

Voilà le premier aspect sous lequel se présente la scène dans la vision intérieure du maître. Geneviève surgit au loin sur les eaux du fleuve comme une sorte d'apparition. Il y a comme une idée d'apothéose, de féerie sacrée! C'est bien loin, assurément, des habitudes de conception de Puvis. Aussi n'est-ce pas long. La sainte prend bientôt une forme plus distincte et concrète; elle remonte vite aux premiers plans et, en même temps, elle occupe le panneau central. Voilà la vraie donnée, la seule conforme au bon sens. Puvis n'a pas tardé à y venir; il en sortira bien encore quelquefois, dans ses hésitations nécessaires pour préciser sa pensée, mais il y reviendra.

Tout le côté gauche va peut-être changer, sauf que la porte, qui est très dégagée originairement, paraît, dans les premiers croquis de cette nouvelle évolution, dissimulée derrière une sorte de rocher élevé bordant la rive; il est même un croquis où la ville n'apparaît qu'à l'arrière-plan, à demi cachée sur toute sa longueur, par le mouvement du terrain.

Mais la distribution de la scène est déjà logiquement agencée : à gauche, la foule des parisiens; à droite, la flottille ravitailleuse; au centre, la sainte qui opère la jonction de ces deux groupes.

Tout au début, la rencontre entre Geneviève et son peuple est la préoccupation principale de l'artiste, soit que la sainte apparaisse au loin, soit qu'elle approche en bénissant la procession qui s'avance au-devant d'elle. Le côté ravitaillement est sobrement indiqué. Cependant l'élément « flottille » qui figurait dans le programme officiel, est encore présent à son esprit et, dans plusieurs croquis, il multiplie les petites voiles.

La scène s'est donc maintenant concrétisée. Plus d'apparition, plus de spectacle à grand effet. C'est un débarquement. Des mariniers, dans l'eau à mi-corps, amarrent l'embarcation sur laquelle la vierge, debout à la proue, lève les mains vers son peuple.

Bientôt la scène va se matérialiser davantage. On sent que Puvis a vu la nature, qu'il est allé sur les quais, assister aux déchargements des débardeurs, que ces aspects pittoresques et animés l'ont séduit, qu'il a été pris, comme toujours, par la *vie*. Il s'est plu, avec cette curiosité toujours éveillée sur les choses du dehors, à étudier la variété des gestes, des attitudes, des mouvements, puis la beauté des nus : ces torses vigoureux développés par l'effort, ces magnifiques silhouettes de robustes académies, qui n'ont rien d'académique. Ce sain et viril spectacle de travail le prend à un tel point que, maintenant, cette partie du sujet est devenu tout le tableau. Tout le côté mystique disparaît aussitôt pour lui ou est réduit à sa plus simple expression.

Ici, la rencontre de la sainte et du peuple est reléguée tout à fait dans le panneau de gauche, tandis que le déchargement occupe entièrement le panneau de droite et même le panneau central. Là, la sainte est bien rétablie au milieu de la composition, mais elle est reportée au second plan et le ravitaillement occupe à la fois tout le panneau de droite, le premier plan de celui du milieu et se répand jusque sur celui de gauche, où la procession est vue seulement en deuxième ligne, sauf un épisode, nouvellement trouvé, d'une femme tombée d'épuisement qu'un groupe essaye de relever. Il va, du reste, conserver soigneusement cette heureuse trouvaille, que nous reconnaîtrons plus tard. Dans ce croquis, la scène particulière du ravitaillement est représentée par des débardeurs portant des bannes de pain, des jarres de vin, des conducteurs poussant des troupeaux de moutons et des bœufs effarés. Enfin, ailleurs, les éléments de droite sont conservés, mais le débarquement s'étend intégralement dans les trois panneaux et l'on peut voir deux hommes, portant un panier, s'avancer, tout à fait à gauche, jusque sous la porte. Ici, peut-on dire même, où est la sainte? On ne la distingue plus. Est-elle dans ce bateau isolé au second plan? ou bien, à droite, dans ces groupes mêlés où l'on devine une sorte d'agent qui écarte des affamés se jetant sur les provisions? Elle est oubliée. Puvis n'y pense plus. Il traverse une petite crise, la crise réaliste. C'était inévitable quand on sait à quel point ce grand idéaliste avait le sentiment profond et l'amour des réalités.

C'est une crise, mais elle est passagère. Notre maître clairvoyant reprend bientôt son équilibre. Il a compris son erreur et la répare vite en remettant chaque chose à sa place et en donnant leur importance relative à chacun des éléments. La sainte reparaît au milieu, sur le point de débarquer, entourée, d'une part, des premières figures de la population parisienne qui vient au-devant d'elle; de l'autre, des premiers portefaix qui vident, sans tarder, les fonds des petits bateaux.

Tout en restant cantonné à sa place nécessaire, du côté droit, l'élément animé du déchargement occupe, néanmoins, tout particulièrement l'imagination du peintre. Pendant quelque temps, on décharge partout, même du bateau de la sainte.

Un travail confus s'opère dans sa pensée, puis peu à peu certains points se précisent. Cette foule qui débarque ou qu'on débarque, comprend des porteurs de paniers, des porteurs de jarres, des débardeurs chargés de ballots et de sacs et même, nous l'avons vu, des troupeaux. Pour ces derniers, Puvis prend la résolution de les éliminer franchement de la scène principale. Ils n'apparaissent, dans la composition, que tout au loin sur la'rive du fleuve. Il lui a paru, à la fin, plus vraisemblable qu'on les ait descendus à part pour éviter la confusion et le désordre qui n'eussent pas manqué de se produire si on eût lâché ces animaux affolés à travers une foule compacte et au milieu des autres opérations du déchargement. Ces réflexions de simple bon sens venaient toujours à temps à son esprit.

Quant aux travailleurs du port, point n'est besoin d'en sortir des foules pour donner l'idée de leurs opérations. Le tout est qu'il y ait une sorte de chaîne qui indique le va-et-vient des bateaux à la ville. Aussi, peu à peu, arrivent-ils à être tellement réduits que si, à un certain moment on a pu en compter près d'une dizaine entre le premier et le troisième plans, dans le carton définitif, il n'en reste plus que trois. Les autres sont perdus tout à fait au loin. De ces trois portefaix, l'un porte sur sa hanche une corbeille de pains et s'avance jusque dans le panneau central pour bien affirmer le lien de la composition ; le second suit et s'engage derrière la colonne, transportant d'un mouvement prudent une jarre pleine sur son dos ; le troisième, qui vient de débarquer, défend un panier plein de vivres qu'il élève sur son épaule, contre les convoitises d'une jeune femme et d'un enfant.

C'est là un des petits incidents retenus par Puvis pour donner de la vie et de la vraisemblance à son récit. Il en trouve et conserve également deux autres pour marquer cette précipitation des assiégés, tiraillés par la faim : ici, une vieille femme émaciée aux yeux hagards, image de la faim elle-même, jetée à terre sur un sac de pains qu'elle ouvre d'un geste fiévreux. Là, une sorte d'agent de la police urbaine qui vient mettre le holà dans ces scènes de désordre. Après bien des vicissitudes à travers les différents panneaux où ils apparaissent groupés, Puvis finit par les désagréger en les étageant aux divers plans de la travée de droite.

Quant à ce dernier personnage, ce garde municipal, comme l'appelle dans l'article précité M. J. Buisson, qui le trouve un peu ridicule en une circonstance si solennelle et en fait l'observation à son ami, Puvis tient compte de la critique qui lui est faite, mais jusqu'à un certain point et peut-être pas tout à fait pour les mêmes raisons qui sont exposées par son correspondant. En quoi Puvis aurait-il pu être gêné par l'idée d'introduire un garde dans sa composition? C'est là une considération si naturelle, une précaution si vraisemblable ! Même à cet état primitif, une agglomération pareille de gallo-romains, — et non de barbares, — vivant sur un reste d'institutions municipales, disciplinée d'ailleurs sous la tutelle de ses évêques, une telle agglomération devait avoir conservé le sens de l'autorité et d'un ordre relatif. Il n'était pas possible que le pouvoir local, municipal ou ecclésiastique ne veillât pas à une distribution régulière et équitable. La vigilance de la sainte, célébrée dans un panneau spécial, n'y eût pas manqué.

Ces réflexions sembleront puériles tant elles sont élémentaires. Il n'est, cependant, pas pos-

sible de ne pas les faire, pour ainsi dire, au nom
de Puvis lui-même, puisque ce point spécial a
fait l'objet d'une critique motivée. C'est ainsi
que la scène se fût vraisemblablement passée, et
c'est toujours par la vraisemblance que procède
Puvis. Il cède donc à **M. J.** Buisson, mais seulement à demi et surtout pour cette raison, plus
sérieuse, que sa figure intervient avec un mouvement qui ne peut pas être autrement que
brusque et spontané et que son esprit répugne
à toute action qui n'a pas un caractère durable,
à tout geste passager qui donne une vie trop
momentanée à ses personnages. Aussi, son
« garde municipal », il l'assagit, il le calme, il
lui fait tout juste lever un bras en signe d'avertissement et encore en tournant le dos, et il le
cache derrière la pile de sacs, à droite.

C'est ce côté droit, ce troisième panneau qui
a donné le plus de mal au maître. C'est celui
qui a le plus varié. Il y a eu le plus à se défendre contre lui-même. Il s'était tellement
amusé avec le grouillement animé du déchargement lui offrant, tantôt en pleine eau, des corps
nus ruisselants, tantôt de beaux rythmes dans
la marche alourdie. Que de motifs charmants,

vivants et pittoresques, heureusement groupés d'une arabesque imprévue. Les épisodes multiples en sont si attachants qu'on éprouve un peu de regret de ne pas les avoir vus réalisés. On comprend ainsi son regret à lui-même. Mais comme il a eu raison d'accomplir si courageusement de tels sacrifices, de se garder de ces séries d'anecdotes plus ou moins habilement rattachées les unes aux autres et nous détournant du véritable sujet! Si on eût commandé à Puvis la prise du camp d'Attila, il est fort probable qu'il ne l'eût pas conçu comme Horace Vernet a fait de la *Prise de la Smalah*.

Le panneau de gauche a subi moins de variations. Dès le début, c'est une procession qui s'avance, ayant à sa tête le vieil évêque aux cheveux blancs, suivi des enfants de chœur, des vierges sacrées portant des cierges, des moines et de toute la population pressée. Des jeunes filles, des mères éplorées, avec leurs enfants, ont devancé le cortège religieux et se sont précipitées (dans le panneau central) aux pieds de la sainte. Cette masse humaine, placée un peu loin, pour faire place à diverses figures ou scènes épisodiques, la plupart supprimées, — celles relatives au déchargement, — est rapprochée au deuxième plan. Dans cette foule, on distingue dès l'origine une curieuse figure assez agitée. C'est le *Sonneur*, qui appelle les fidèles pour les convoquer à l'arrivée de la patronne de la ville.

Ce simple détail, dans lequel Puvis est tout entier, montre à quel point il avait vécu en pensée toute cette scène. Il n'oublie aucune circonstance. Mais son personnage est, lui aussi, trop agité au gré du maître ; il est, à la fin, confondu dans la foule et on ne le distingue plus que par son bras levé. Le petit groupe de la malade qui s'affaisse et qu'on relève, subit de son côté, quelques changements. Puvis hésite quant à sa place : restera-t-il à gauche, à droite, ou même ne devra-t-il pas être dissimulé à demi au second plan ? Il se décide, en dernier lieu à le placer tout à gauche, hors de la foule, et ce n'est pas un des morceaux les moins émouvants, les moins pathétiques.

Quant au panneau central, celui-ci a retenu toutes les préoccupations du maître, et pour cause, puisque, logiquement, il est le point sur lequel convergeront immédiatement les regards du spectateur. C'est lui sur lequel doit porter tout l'effort de la composition.

Après quelques hésitations que nous avons signalées, il en fait le siège de la sainte et il s'étudie à bien dégager sa silhouette et à faire dominer son geste.

Dans les croquis de la première idée, on ne distingue aucun détail. Geneviève, d'ailleurs, est colloquée au lointain et même, tout d'abord, dans le panneau de droite. Mais dès qu'il abandonne ce projet, dans les croquis assez anciens encore où la porte et les remparts de la ville sont à demi cachés par une sorte de rocher élevé sur la rive, la patronne de Paris est debout, à la proue de sa petite barque à voile pliée. Un marinier, plongé dans l'eau jusqu'à la ceinture, est en train d'amarrer l'embarcation tandis qu'un autre, sur le côté, à droite, semble en assurer la stabilité. Ce simple motif réaliste amuse à son tour, pendant quelque temps, le peintre. C'est ainsi que, dans un autre croquis contemporain, la sainte est toujours au fond de la barque à l'écart, et la foule qui vient au-devant d'elle a débordé jusque dans l'eau et se mêle aux bateliers occupés à amarrer l'esquif.

Puvis a fait des trouvailles tout à fait charmantes pour indiquer cette manœuvre du bateau
qu'on fixe à quai : effets de cordes qu'on tire, de
coque poussée à l'épaule, de chaînes qu'on roule
autour du point d'attache, et les corps ruisselants dans l'eau qui clapote, avec des nus magnifiques de dos, de trois quarts, faisant saillir les
musculatures, donnant de superbes effets de
beauté virile. On voit le parti que tout autre en
eût tiré et celui qu'il eût su en tirer lui-même.
Ce n'est pas sans crève-cœur, cette fois encore,
qu'il abandonna ces petits développements d'un
si vivant intérêt. Il résiste pourtant à la tentation ; il les écarte sans pitié. Il faut à tout prix
arriver à la simplicité et à la clarté.

Pendant presque tous ces premiers croquis, la
sainte est un peu noyée dans la composition, au
fond de son bateau qui ne la met guère au-
dessus du niveau de la foule. Puvis, pour lui
faire dominer toute la scène, a de nouveau une
de ces idées ingénieuses prises sur la réalité. Il
fait sortir Geneviève du bateau, et la monte sur
une planche qui va du bord à la rive. C'est
encore une occasion de chercher une petite mise
en scène sur nature, de traduire le travail,

l'effort, l'action et la vie. De nouveau, alors, il cherche des mouvements pour les hommes qui opèrent ce petit transbordement. Il y a là un ou deux serviteurs empressés à préparer le passage de la sainte, un surtout, qu'il place tantôt en avant, soutenant la passerelle improvisée sur son genou ployé, tantôt en arrière, la maintenant contre l'embarcation. Cela fait comme une sorte de pavois sur lequel est élevée Geneviève. Elle domine maintenant la foule; elle n'est plus immobile dans son bateau, mais elle descend vers son peuple qu'elle bénit de sa main levée. Il y a là un acte plus vivant, un mouvement plus expressif. Le grand beau dessin qu'il trace de cette scène où la vaillante et sainte femme, debout dans ses austères draperies, est entourée de suppliants et de suppliantes, montre quel effet le maître attendait de ce groupe qui, ainsi isolé, offre à lui seul, un si noble caractère décoratif.

Et, cependant, dans la composition définitive, on admire, encore et toujours, avec quel esprit d'abnégation il éloigne toutes ces sortes d'excroissances pittoresques. Il s'efforce de ne dire que strictement ce qu'il a à dire, avec le plus

parfait naturel et la plus complète simplicité.
Plus de bateliers amarrant la barque, qui est
seulement attachée par une corde à un chicot
de peuplier qui a poussé quelques ramilles par
le bas et suffit à remplir le vide nécessaire pour
dégager la sainte. Celle-ci n'est plus accom-
pagnée que de trois figures d'ecclésiastiques,
respectueusement distantes à l'autre bord et
atténuées dans l'ombre de la voile.

Si vous voulez maintenant savoir comment
Puvis a concerté ses harmonies dans l'esprit de
sa composition, lisez le paragraphe qui concerne
le paysage dans la notice qu'il adresse à Ph. de
Chennevièvres, sur l'enfance de Geneviève:
« ... J'ai voulu aussi, écrit-il, représentant la
jeunesse de l'héroïne, que tout fût jeune et frais
autour d'elle. L'année est jeune, c'est le prin-
temps ; le ciel est jeune, c'est le matin. Enfin
l'aspect général est tendre et doux, comme
l'âme de cette enfant qui doit, pour ainsi dire,
transparaître et baigner toute la composition. »
Il n'y a qu'à transposer ce passage.

C'est la vieillesse de l'héroïne, au milieu des
angoisses d'une ville assiégée qu'elle vient récon-
forter. Il a voulu que tout fût d'une sérénité

solennelle et mélancolique autour d'elle. C'est
la fin de l'année, c'est l'automne; le ciel est strié
de nuages et c'est le soir. La coloration est en
apparence très simple : comme toujours, ainsi
que chez les anciens fresquistes, chaque tonalité
est faite d'un large ton local qui diffère de quan-
tités en passant de l'ombre à la lumière, sans
qu'il y ait jamais plus de deux ou trois degrés
entre ces valeurs. Mais les rapports entre ces
tons, en eux-mêmes soigneusement choisis,
sont très délicats et très subtils. Les accords
sont formés de bleus, de violets et de mauves
qui jouent avec des jaunes pâles, des bruns ou
des bruns rosés. Une seule petite note rouge
sur la tunique de l'enfant de chœur, derrière
l'évêque, pour mettre comme un accent plus
sonore dans la pompe du cortège sacré. Enfin
l'aspect général est grave, ému, religieux, d'une
certaine tristesse attendrie comme l'âme de l'auguste vierge qui, au déclin de ses jours, encou-
rage et soutient son peuple et comme l'âme
même du grand artiste qui, suivant le mot
adressé à M. Buisson, voulait faire, de cette
œuvre, devenue la dernière, « son testament »
et qui, brisé par le deuil et par la souffrance,

s'efforçait d'y répandre les suprêmes clartés de son génie.

Telle est cette composition dans son ensemble et dans son aspect définitif. A la voir si claire, si vraisemblable, si naturelle, si simplement éloquente et si fortement expressive, il semblerait qu'elle soit sortie, ainsi formée de toutes pièces, dans le cerveau de l'artiste. On ne peut croire que la scène ait pu se passer autrement. Nous avons vu, pourtant, combien cette vision a été lente à se dégager de l'esprit de ce voyant qui a été peut-être le plus extraordinaire dans notre école.

Il y a donc une conclusion morale qui s'impose en face de cette abnégation et de ces sacrifices, et cette conclusion, la voici : C'est qu'il ne faut pas écouter ceux qui vous disent que le *sujet* n'est qu'un prétexte et que l'essentiel c'est de faire « de l'art ». On ne peut faire de l'art qui soit vrai, de l'art qui soit complet, que si l'on croit à son sujet, que si l'on y entre à fond, sans s'arrêter aux amusements qui s'offrent le long de la route. C'est ainsi qu'ont fait tous les maîtres qui ne se sont pas contentés de plaire seulement à quelques groupements, restreints et d'ailleurs bornés, de doctes connaisseurs et de subtils dilettantes, et qui ont travaillé pour les bonnes gens à l'esprit simple et au jugement droit.

« On ne saurait toucher les autres qu'à la condition d'être touché soi-même », écrivait Millet. C'était aussi le sentiment intime et profond de Puvis de Chavannes, comme ce fut celui du maître dont il a repris et continué la grande tradition, de Poussin. C'est, quoi qu'on en dise, l'éternel secret pour faire des œuvres durables ; il vaut bien toutes les recettes perpétuées dans les académies pour éblouir les publics des Salons.

LES DESSINS DE PUVIS DE CHAVANNES

AU MUSÉE DU LUXEMBOURG

La famille de Puvis de Chavannes a généreusement compris ses devoirs d'héritière d'un si grand nom. Par une large et intelligente libéralité, elle a doté les principaux musées de France de presque toute la réserve confidentielle de l'œuvre du maître. Ce riche et instructif ensemble d'environ 900 dessins a été réparti entre Paris et la province. Les musées de Lyon, d'Amiens, de Marseille, de Poitiers, qui se glorifiaient déjà de leurs décorations magnifiques, et quelques autres comme ceux de Grenoble, de Dijon, etc., ont reçu leur quote-part d'héritage. Le musée du Luxembourg et la galerie municipale de la Ville de Paris ont, naturellement, été très avantagés et le premier, comme il convient à un Conservatoire national de l'art moderne, a été lui-même l'objet de faveurs légitimes.

La Ville de Paris a reçu 180 dessins et le Luxembourg 201. Cet établissement si riche aujourd'hui, n'était pas cependant tout à fait dépourvu de dessins de Puvis de Chavannes. Il avait eu antérieurement la bonne fortune de recevoir de ses mains elles-mêmes les plus beaux exemplaires de cette forme de son art. Ses collections sont donc aujourd'hui uniques pour ceux qui veulent pénétrer l'intimité de la pensée du maître et étudier les moyens d'expression de cette grande œuvre si radieuse et si émue, mais en même temps si savante, si méthodique et si réfléchie, près de laquelle nos jeunes générations ne peuvent manquer de recueillir de féconds enseignements.

Jusqu'en 1891, Puvis de Chavannes n'était connu au Luxembourg que par le *Pauvre pêcheur*; avant 1888, il n'y était même pas connu. Le plus grand charmeur de notre temps avait simplement été oublié. Ph. de Chennevières dont le nom est désormais associé à la gloire du maître, l'avait conduit au Panthéon, mais n'avait pas trouvé encore l'occasion propice de le faire entrer dans son « cher Musée ». Il appartenait à Castagnary, qui l'avait assez maltraité jadis, de faire très galamment amende honorable en décidant, à la suite de l'exposition qui eut lieu dans les galeries Durand-Ruel, l'acquisition du *Pauvre pêcheur*.

Puvis de Chavannes fut très touché de ce témoignage d'admiration et de sympathie, mais bien qu'il portât, justement, à ce tableau, une affection particulière, il était un peu inquiet de l'impression qu'il produirait sur le public, mal préparé, dont les préjugés l'exaspéraient. Et, en effet, c'était pour lui un vrai chagrin chaque fois qu'il venait au Luxembourg, de voir des visiteurs rire stupidement devant cette œuvre si douloureuse et si poignante. « Qu'ils la détestent, disait-il, passe ! mais qu'ils en rient !... Je ne comprends pas... »

C'est dans la pensée de préparer l'éducation des foules, en les acclimatant peu à peu à son œuvre, par des formes plus voisines de leurs conceptions accoutumées, que n'ayant pu, malgré mes efforts, mettre la main sur aucune peinture, je demandai à Puvis de Chavannes de me permettre de le faire connaître par quelques-

uns de ces beaux dessins à la sanguine, déjà
célèbres près des artistes. Avec sa bienveillance
naturelle il accéda très gracieusement à cette
prière et donna au Luxembourg, en 1891, le
grand dessin sur toile du *Ludus pro patria*,
esquisse précieuse, assez différente dans les détails, de la grande composition d'Amiens. Puis,
en 1893, suivit son plus admirable dessin, cette
étude pour le groupe principal du *Repos*, d'un
si grand caractère épique. Enfin, un soir que
nous étions réunis autour du maître, chez Ary
Renan, son disciple et son ami, avec quelques
autres amis ou élèves, M. Baudoin entre autres,
nous le suppliâmes de se séparer, en faveur du
Luxembourg, des autres beaux morceaux qui
restaient dans son atelier. Il rougit avec cette
exquise timidité qui donnait tant de charme à
cette belle figure virile de gentilhomme et de
paladin et céda sans trop d'efforts. Il avait mis,
pourtant, à ce don une condition qui le rendait
encore plus touchant: la promesse d'un petit
service en faveur d'une amie peintre. Mais, dès
le lendemain, il accourait, pris de scrupules et
il ajoutait: « Vous savez, vous me ferez bien
plaisir, mais que vous puissiez faire ce que

je vous demande ou que vous ne le puissiez
pas, cela tient toujours. Les dessins sont à
vous ». Et c'est ainsi qu'entrèrent les quatre
autres grandes sanguines qui avec quelques
rares morceaux appartenant à des particuliers
(M. Bonnat, M. Montrosier, M. Roger Ballu),
constituent les pièces capitales de son œuvre
dessinée.

Entre temps, s'ouvrit au Salon du Champ-de-
Mars l'exposition complète de l'ensemble de ses
études. Elle intéressa vivement les artistes, mais,
malheureusement, classée sans ordre et sans
méthode, au petit bonheur des rencontres, d'a-
près les seules dimensions, dans le but de tenir
le moins de place possible dans les meubles à
volets, elle n'attira que médiocrement le grand
public. J'avais manifesté au maître vénéré le
désir de reprendre avec lui la classification méthodique de ces trésors en les groupant systé-
matiquement suivant chacune des compositions
réalisées ou rêvées. Nous eussions ainsi évité
l'embarras qu'ont éprouvé ses amis et ses élèves
à retrouver l'état civil de certaines pièces dont
il a été impossible d'indiquer le sujet et de fixer
exactement la date. Cette offre lui avait souri.

Il s'était même décidé à prendre des disposi-
tions en vue de léguer ses dessins à nos Musées.
Mais les jours passèrent jusqu'au moment où,
après le décès de sa femme, la princesse Cantacuzène, violemment ébranlé par le chagrin, il
fut terrassé par la maladie. Il espérait encore
pouvoir un jour mettre ordre à ses affaires. La
mort survint rapidement et arrêta tous ses projets. Nous devons donc rendre grâce aux héri-
tiers qui ont comblé nos vœux et traduit la
pensée intime de leur illustre parent en permet-
tant, par leur généreux et intelligent sacrifice,
d'apprécier tout le labeur accumulé de cette
œuvre glorieuse et d'en tirer la leçon.

Le Luxembourg possède ainsi une collection
de 212 dessins de Puvis de Chavannes, dont 11
lui appartenaient antérieurement. Il est aisé d'y
suivre l'expression de sa pensée à travers les
diverses périodes de son développement.

Puvis de Chavannes employait volontiers une
comparaison très simpliste pour expliquer clairement le mécanisme de son art. Il assimilait
chaque composition à une sorte d'opéra. « Le
carton, disait-il, c'est le livret, la couleur c'est
la musique. » Il indiquait par là le rôle général

et le caractère des deux éléments principaux de
son œuvre.

Le carton, c'est le livret, parce que c'est lui
qui fournit la donnée poétique, parce qu'il
établit le plan, qu'il forme l'ossature, qu'il
assure la construction et fixe la solidité et la
résistance.

Avant d'arriver aux termes définitifs de sa
composition, sa pensée subissait sinon des
transformations, du moins des modifications
plus ou moins considérables. La série des croquis et esquisses pour la seconde décoration du
Panthéon nous montre avec quel acharnement
il poursuit l'exposition nette et claire de son
sujet. Sans doute ce voyant trouve spontanément en lui-même toute l'image qu'il veut
rendre ; il vit chaque jour en pensée la scène
qu'il doit fixer. Mais il se rend compte que les
conditions de l'art ne sont pas exactement celles
de la vie et qu'il est nécessaire pour être compris de parler brièvement et simplement. Aussi
procède-t-il par simplifications successives, par
éliminations continuelles, pour ne s'arrêter que
lorsque sa composition, harmonieusement ba-
lancée, répond, dans une imposante unité à

toutes les exigences de la vérité et de l'émotion.

Et, tandis que le ton est pour lui la musique, c'est-à-dire agit comme un charme subtil et caressant, un philtre persuasif qui envahit immédiatement le spectateur avec une force magnétique, en remuant ses sens par la magie pénétrante des accords, le dessin, en dessous, perce sourdement pour retenir l'attention, satisfaire la raison, éclairer l'intelligence.

A côté de l'élément enveloppant et comme féminin de la couleur, le dessin se présente donc avec un rôle un peu rude mais d'une beauté forte et virile. Leur association forme cet art fortement équilibré de puissance et de grâce, de sentiment et de raison.

Blessé — comme le fut Delacroix, dont le prodigieux labeur ne fut connu qu'à sa mort — par la sottise de ceux qui affectaient, à la façon d'Edmond About, de ne voir dans son œuvre que de « charmantes improvisations », il calculait lui-même le temps qu'il consacrait à ses compositions, évaluant proportionnellement à sept ou huit mois, quelquefois un an, de recherches assidues, les travaux préparatoires, croquis, esquisses, études qui devaient le conduire au carton définitif, pour deux ou trois mois de travail tout au plus que lui coûtait l'exécution en couleur.

Cela donne exactement la mesure de l'importance du dessin dans son œuvre.

Pourtant que de fois, hélas! le pauvre Puvis a-t-il lu ou entendu dire qu'il ne savait pas dessiner! Que voulait-on dire par là? Quand pourra-t-on, une bonne fois, s'entendre sur ce qu'on appelle le dessin?

Dessiner est-ce seulement l'art de se livrer à des combinaisons plus ou moins ingénieuses de lignes, à des recherches plus ou moins savantes d'anatomie? — Ce sont des mérites, assurément, mais ils ne sont pas exclusifs.

On traitait Delacroix de barbouilleur parce qu'il semblait quelquefois assez embarrassé pour indiquer telle ou telle attache et qu'il ne sacrifiait pas tous les jours sur l'autel de Sainte-Rotule. Mais Ingres, Ingres lui-même qui a prononcé cette parole solennelle: « le dessin c'est la probité de l'art » ; Ingres qui semble l'incarnation inexorable du dessin, n'a-t-il pas été lui-même fort vilipendé pour son propre dessin, dont on se plaisait à exalter les inexactitudes et les invraisemblances ?

C'est qu'il n'y a vraiment qu'une seule défini-
tion qui soit juste du dessin, c'est de dire qu'il
est l'écriture des formes.

Il y a le dessin, c'est-à-dire l'écriture, du Pérugin, de Raphaël, de Rembrandt ou de Rubens,
suivant le point de vue particulier auquel chacun de ces maîtres s'est placé pour contempler
les formes qui nous entourent, soit qu'ils aient
considéré de préférence le rythme des contours,
les effets du clair-obscur, les palpitations de la
vie.

C'est dire que chez Puvis de Chavannes le
dessin est une écriture qui correspond à sa conception des formes.

Si l'on met à part les débuts, fort instructifs
d'ailleurs, et peu connus, son œuvre se répartit
autour des quatre grandes dates culminantes de
ses chefs-d'œuvre monumentaux : première période d'Amiens, 1861-1863 ; Sainte Geneviève,
1876-1878 ; deuxième décoration d'Amiens,
Ludus pro patria, 1882 ; la Sorbonne, 1887.

Le souvenir de ses origines est conservé au
Luxembourg par une série de curieux dessins qui
prennent l'artiste jusque dans l'école. Ils
débutent, en effet, par une académie un peu

gauche et molle, mais déjà d'une tenue grave et de qualité assez expressive. Puis nous voyons les débris d'un bagage très romantique, un peu suranné, dont les peintures sont à peu près toutes oubliées ou perdues. C'est, ici, une sorte de Roméo, tombé comme au théâtre sur le bord d'un cercueil, d'un modelé imprécis, mais avec un souci précoce de souligner l'attitude et le geste, d'affirmer la silhouette.

Là, une femme de profil, aux cheveux très noirs, est assise, les mains croisées, une tasse posée près d'elle, tout à fait dans l'esprit de Delacroix ou plutôt même de Couture. Ailleurs, deux compositions qui semblent parallèles : *Julie surprise* et *Salomé*, intéressantes par un arrangement très décoratif, une arabesque très découpée. Cela nous reporte à 1857. Le premier de ces tableaux exposé jadis, galeries Durand-Ruel, affirmait davantage, par ses formes toutes vénitiennes, ses roses irisés et bleuissants, ses bleus reflétés, l'influence de Couture, malgré le court passage qu'il fit à son atelier.

A ce moment, il cherche surtout la couleur dans un dessin un peu gros et lourd, aux traits charbonneux, aux noirs écrasés. Quelques autres morceaux de cette époque sont encore plus signi-ficatifs par les qualités caractéristiques qu'ils portent en germe. Tels, ces deux dessins à la sanguine de l'*Incendie* (1859), traités largement en cartons: cette femme portant des seaux, la tête en arrière, la bouche ouverte par un cri d'effroi, avec un sentiment un peu forcé. On y est frappé par la préoccupation du style, le grandissement héroïque de cette simple scène de village, vue sous un jour pathétique et animé. Un lointain souvenir de l'*Incendie du bourg* tra-verse cette inspiration très romantique qui rap-pelle un peu les Millet des premiers temps. Puis un *Ecce Homo*, sujet qui a dû le hanter un ins-tant, — car on le trouvait répété plusieurs fois dans sa collection primitive, — farouche comme un Daumier, à force de chercher l'expression et la couleur. Mais, au milieu des figures macabres de ses bourreaux, le Christ a une grande allure, calme et noblement résignée, dans l'élégance de ses proportions distinguées, de ses formes dis-crètement rythmées à la Van Dyck.

Enfin deux *Femmes à la toilette*, d'une ligne très onduleuse, d'une couleur pâle très spé-ciale, ont un accent étrange qui rappelle ouvertement le souvenir de son précurseur Chassériau.

Avec les premiers dessins pour Amiens, nous entrons dans les périodes historiques de sa biographie.

Voici d'abord une feuille de croquis pour la *Guerre*, traités à la mine de plomb, procédé peu usité chez lui, tout à fait dans la gesticulation pathétique de Delacroix et avec le même caractère d'écriture nerveuse et colorée.

Mais, subitement, le dessin prend une allure exceptionnelle, un rythme plus large et plus beau. Le style rappelle encore le passé immédiat des maîtres contemporains, mais avec une noblesse inconnue depuis le Poussin. Tous ces dessins ont déjà un accent très personnel et suffiraient, à eux seuls, à la gloire de leur auteur.

C'est la grande époque des admirables sanguines du *Travail* et du *Repos*. Les *Forgerons*, de M. Bonnat, sont célèbres. Le Luxembourg peut leur opposer les trois études magistrales pour le *Repos* ; et en particulier celle pour le groupe principal.

Quelle intensité d'expression, qu'on ne pourra dépasser, quelle éloquence vraiment épique chez

ce vieillard qui raconte je ne sais quelle extraordinaire odyssée, à laquelle participent tous ceux
qui l'écoutent ! Un frémissement d'héroïsme par-
court tout le personnage vibrant de son audi-
teur, ramassé sous l'attention, les pieds comme
rivés au sol, les bras croisés, le front plissé,
qui semble écouter pour ainsi dire de tout son
corps.

Nous trouvons ici, déjà, au plus haut point
cette faculté rare d'expression, cette puissance
communicative qu'on trouve développée, avec
une énergie plus ou moins dissimulée, dans toute
son œuvre et qui crée entre les divers personnages de ses compositions le courant d'émotion, le lien moral auxquels elles doivent leur
forte et indissoluble unité.

A cette époque, les formes anatomiques de ses
personnages sont amples, arrondies, aux musculatures puissantes. Les hommes sont trapus,
larges et forts, de proportion plus ramassée que
dans l'avenir. La silhouette est toujours fortement
soulignée par les contours, les modelés simplement et fermement indiqués et conduits avec justesse à travers les jeux, peu compliqués d'ailleurs,
de la lumière et de l'ombre, sur les différents

plans du corps. Ils présentent ainsi un volume bien déterminé, une masse solide. C'est cette préoccupation des silhouettes franchement accusées qui, chez lui ainsi que chez Millet, donne une telle valeur aux figures de ses compositions.

Ces dessins sont admirables, non point cependant parce que le crayon y montre une application plus soutenue, mais parce qu'il y cherche avec une volonté tenace la traduction énergique et décisive de la pensée.

Le progrès dans le sens de la personnalité s'accentue avec une rapidité extrême. *Ave, Picardia nutrix* est, deux ans après, le point de départ d'une évolution nouvelle qui se traduit dans ses dessins. Plusieurs pièces du Luxembourg rappellent avec intérêt cette période de transition, telle cette belle sanguine de la *Vieille fileuse* qui éveille le souvenir de la *Vieille au panier* de Titien dans sa *Présentation de la Vierge*. L'influence vénitienne, reçue jadis, de seconde main, par son maître et ami Bauderon de Vermeron, puis par Couture, se manifeste directement avec les réminiscences du voyage en Italie, par le dessin

allongé, souple, élégant et sinueux des formes
féminines.

Nous arrivons maintenant à une longue
période intermédiaire, extrêmement féconde en
œuvres savoureuses et fortes, compositions décoratives, tableaux de chevalets : Panneaux de
l'escalier du Musée de Marseille, avec un goût
marqué pour les quattrocentisti de Florence et
de Venise, qui se retrouve aussi dans le *Saint
Jean-Baptiste* ; Décoration de l'Hôtel de Villa de
Poitiers, dont le Luxembourg possède quelques
beaux dessins serrés et animés, ainsi que la grande
et remarquable sanguine du Charles Martel ; la
Famille de pêcheurs, etc., qui se succèdent coup
sur coup avec une originalité de plus en plus
accusée, une écriture de plus en plus dégagée
de tout souvenir importun, affranchie de toute
coquetterie de dilettante ou de préoccupation
accessoire, jusqu'à cette date de 1876-1878 où il
exécuta, pour le Panthéon, l'*Enfance de sainte
Geneviève*.

C'est l'œuvre la plus populaire de Puvis de
Chavannes, celle qui lui créa le plus d'admirateurs et qui désarma momentanément ses
adversaires les plus acharnés. Le Luxembourg

comprend, heureusement, pour cet admirable ensemble un certain nombre de recherches fort instructives, croquis primitifs du panneau isolé, études de personnages : la jeune sainte, des pâtres et des bateliers et, entre autres, ce groupe du jeune malade qu'on sort d'une maison, d'une si grande et si belle allure sculpturale.

Dès ce moment son dessin prend un caractère si personnel qu'il n'est plus possible de le confondre avec aucun autre. Les formes ont perdu tout à fait leurs anciennes rondeurs trapues, elles se sont amincies, serrées avec fermeté, en des muscles jeunes et élastiques. Les modelés, sobres, sont établis nettement, avec des accents un peu vifs aux articulations. Et toujours la silhouette est fortement massée, les corps solidement posés sur le sol, sans balancement ni déhanchement, mais avec un aspect simple, viril, une certaine élégance grave et même austère.

Le *Ludus pro patria*, qui suit *sainte Geneviève* si peu de temps après, réalise d'une façon définitive l'idéal plastique du maître. C'est la plus belle époque de son art. Son dessin, tout à fait indépendant, fier, expressif mais toujours mesuré, est d'une distinction noble et digne, sans manière et sans pédantisme. L'écriture est libre, hardie, résolue ; les corps bien proportionnés, sveltes et nerveux, ont un léger accent archaïque et comme une élégance altière qui fait penser aux premiers naturalistes si expressifs de Toscane, et parfois, dans leur grâce simple et sévère, dans leur mélange d'héroïsme et d'esprit familier, beaucoup plus loin encore, aux beaux créateurs ingénus de l'âge d'or. Car nul ne fut plus près de l'antiquité que le grand visionnaire dans cette œuvre, et j'ai rappelé autrefois, à ce propos, le mot si juste et si profond de Jules Simon, disant, au banquet du soixante-dixième anniversaire du maître, que si Platon avait peint, il eût peint comme Puvis de Chavannes.

La dernière grande date de son œuvre est celle de la Sorbonne (1887), autour de laquelle se groupent, dans un même esprit, les visions enchanteresses du *Bois sacré*, de la *Vision antique* et de la *Vision chrétienne*, de Rouen, de l'Hôtel de Ville de Paris et de Boston, et de cette dernière page si émouvante et si mélancolique de la *Vieillesse de sainte Geneviève*, à laquelle il n'avait pas fini de mettre la main à sa mort.

Ce qui distingue cette période, c'est le développement de plus en plus marqué de l'austérité dans la grâce, l'importance inattendue du paysage, l'ingéniosité savante et vivante de l'allégorie où la femme joue désormais le rôle principal. Dans les dessins, un désintéressement de plus en plus absolu de tout ce qui, dans les formes extérieures, n'est pas absolument indispensable à la manifestation de sa pensée. Il ne les conçoit plus, désormais, que comme des sortes d'hiéroglyphes vivants et émus, des termes singulièrement éloquents pour traduire, dans une langue mystérieuse et expressive, les enchantements du rêve continu qu'éveille dans son imagination féconde la contemplation de toutes les splendeurs du dehors et du dedans. Aussi, ces crayonnages un peu frustes peuvent-ils tromper souvent par une apparence négligée. Mais sous leur abandon superficiel, le geste est toujours tellement juste, le sentiment si simplement rendu, qu'ils laissent, quand on les a pénétrés, une impression inoubliable.

A toutes les époques de son histoire, ce qui caractérise fortement son œuvre, ce qui se marque avec insistance dans son dessin, c'est le sens profond de la vie. Ce grand contemplatif n'était pas un mystique. Il aimait passionnément la vie. Une sève ardente et sourde monte dans toute cette grande œuvre tranquille et apaisée.

C'est la Vie, silencieuse et calme, sereine et recueillie, mais toujours la Vie, même dans le Rêve, au milieu de ses visions surnaturelles. C'est là que réside toute la secrète éloquence de ces évocations magiques. Ses créatures les plus irréelles, comme tous les êtres humains qui se meuvent lentement dans ses tableaux, nous charment par leur vraisemblance. Sous leur apparente gaucherie, dans leur manière la plus abrégée, elles montrent une aisance et une variété d'attitudes et de gestes que peu d'artistes ont trouvées avant lui.

Mais il a une connaissance profonde des conditions de l'existence des êtres, depuis l'homme jusqu'au moindre buisson : il a observé attentivement la logique de leur conformation et de leurs habitudes. Il les voit comme avec un œil

vierge et spontané devant lequel ne s'inter-
posent plus les souvenirs obsédants du passé.
Il arrive à les percevoir avec la candeur émer-
veillée des premiers hommes.

Le moindre effort est toujours si bien rendu
à sa mesure. Prenez le premier croquis venu,
d'aspect pauvre et lâché : cet homme qui
reçoit d'un autre une charge de fagots. Il nous
arrête aussitôt par la justesse rare des gestes
des personnages qui accomplissent cette simple
action. Ici, des bûcherons abattent un arbre.
La position, si exactement observée, de chacun
de leurs membres fait que le mouvemeut n'est
pas seulement localisé dans les bras, mais est
obtenu par un ensemble d'efforts simultanés
dans tout leur corps.

Son souci du geste se marque particulièrement dans l'étude des mains. Dans la plupart
de ses dessins, elles sont très chargées, reprises
avec insistance, jusqu'à ce que les doigts soient
dans la position absolument voulue. Si vous
hésitez parfois à identifier quelques pièces d'allure
semblable, observez les gestes, surtout aux mains,
ils ne vous tromperont pas. La main qui accepte
et la main qui donne, la main qui commande

et la main qui prie, chacune se distingue par une singulière faculté expressive. Voyez par exemple, cette *Salomé*. Le geste distrait dont elle tend le bras en arrière, pour prendre le plat des mains d'une suivante, indique à lui seul la scène qu'elle regarde et que nous ne voyons pas. Son geste machinal semble suivre le bras invisible de l'exécuteur.

On peut dire que Puvis a rompu avec le vocabulaire étroit de gesticulations conventionnelles, de déhanchements prétentieux et maniérés, de poses d'ateliers et d'académies, d'attitudes de ballets et de tableaux vivants qui a perverti si longtemps la vision de notre école. Et penser qu'on avait pu le rattacher aux grands décorateurs de la Renaissance, lui qui avait une haine généreuse pour tous ces Italiens du xvi⁰ siècle, qu'il rendait responsables de toutes les détestables traditions implantées chez nous ! Sans doute sa gloire véritable est ailleurs, mais n'eût-il eu que ce seul mérite de nous avoir ramenés aux saines traditions de mesure, de logique et de bon sens, que son œuvre devrait être bénie.

Ces leçons, Puvis de Chavannes aimait à les

donner lui-même, soit au Salon, en face de quelque tableau, soit même dans la rue, devant quelque aspect qui le frappait ou quelque incident banal. Il les continuera désormais à perpétuité, pour notre joie et pour notre enseignement, avec ces confidences éloquentes d'une grande âme enthousiaste et émue qui fut en même temps un esprit clairvoyant et sûr.

A PROPOS DES DESSINS

DE

PUVIS DE CHAVANNES

Chacun s'accorde à reconnaître qu'il n'est rien de plus instructif que de feuilleter les dessins d'un maître. On est plus près de lui devant le moindre griffonnage de son crayon qu'en face de ses œuvres les plus achevées. C'est comme si, au lieu de lire un roman ou un poème dans le livre imprimé, on avait la bonne fortune de le savourer dans le manuscrit. Nous aimons revivre avec l'artiste son rêve dès l'origine de sa formation dans la pensée, nous voulons vivre toutes ses inquiétudes, partager toutes ses angoisses, nous voir arrêtés par ses embarras, ses incertitudes, ses timidités, puis nous sentir enlevés tout d'un coup par des audaces dont la

spontanéité ne se retrouvera plus jamais, peut-
être, aussi vive, aussi impétueuse, aussi imprévue que sur tel fragment de papier tout chif-
fonné d'impatience.

Mais, dans ces trésors qui enrichissent les
cartons des musées, il y a des pièces de deux
sortes. Il y en a qui ont été établies soigneusement, soit avec un certain caractère d'ouvrages
définitifs, soit avec des coquetteries de travail
que relèvent d'apparentes négligences. Dans ces
morceaux de bravoure ou de virtuosité, l'artiste
n'a pas travaillé exclusivement pour lui. Il dessine
comme Mme de Sévigné écrivait ses lettres, avec
le sentiment et l'espoir que cela sera passé de
main en main. Il pense un peu à « la galerie ».
Quel que soit l'attrait que nous pouvons trouver
à des dessins de cette nature — et il en est,
comme les petits portraits au crayon d'Ingres,
qui sont de pures merveilles — ils ne nous
inspirent pas l'intérêt direct que nous éprouvons
devant les autres. Ceux-là, ce sont ceux que
l'artiste a vraiment tracés pour lui-même, sans
songer à nous, avec le vague projet, souvent,
de les détruire, une fois qu'il aura employé ce
qu'il considère comme une simple note ou un

modeste mais utile document. C'est là que nous
le sentons tout entier, sans arrière-pensée, sans
manière, sans pose, sans attitude pour les siècles
à venir. Les premiers peuvent faire naître notre
admiration ou notre étonnement; nous ne les
sentons cependant pour nous d'aucune utilité
ni d'aucun profit. Les autres, incomplets,
inachevés, qu'il faut parfois deviner à demi-mot,
parce qu'ils sont écrits dans un langage abrégé,
dans une sorte de tracé sténographique dont
l'artiste est seul ou se croit seul à avoir la clef,
sont les véritables confidences des maîtres, le
journal quotidien et véridique, sans développement ni amplifications, de leur pensée intime.
Pour qui sait les lire, les pénétrer et les comprendre, ils ont une éloquence qu'aucun des
chefs-d'œuvre exécutés par les mêmes maîtres
n'aura à ce point; ils ont une vertu communicative qui nous met en contact immédiat avec ces
hautes intelligences et ils nous offrent en même
temps d'incomparables leçons.

Tel est bien le cas, assurément, pour les dessins de Puvis de Chavannes. Ce maître, qu'on
a accusé si longtemps de ne savoir pas dessiner,
a dessiné toute sa vie. Le jour où, après sa

mort, on ouvrit pour la première fois les cartons de Delacroix, on fut stupéfait de ce que ce « barbouilleur », qui peignait « avec un balai ivre », avait amassé de préparations innombrables à tous ces magnifiques ouvrages qui paraissaient le fruit d'éclosions toutes spontanées. Puvis de Chavannes, qu'Edmond About traitait à son tour de « charmant improvisateur », ne causa pas moins d'étonnement lorsqu'il se décida un jour à sortir ses dessins pour les montrer au public. On se souvient qu'il en fit une exposition à l'un des Salons de la Société nationale. A vrai dire, ils n'intéressèrent alors que les artistes, car, dans la cohue des Salons, comment trouver le recueillement nécessaire pour entendre des confidents si profonds, mais si discrets ; peut-être aussi leur présentation manquait-elle d'ordre et de méthode. Ce qu'il y a de certain, c'est le prix qu'y attacha dès lors Puvis lui-même qui venait, peu avant, de les faire monter dans des sortes de volets, après les avoir triés. Ce triage, paraît-il, fut terrible, et il se montra sans pitié pour des morceaux de recherches et de calques dont ses amis et ses élèves arrivaient péniblement à sauver quelques rares exemplaires en les réclamant à titre de souvenir. Il en restait pourtant, à sa mort, plus de neuf cents. Il sentait que, dans ces « gribouillages », était contenue toute l'histoire de son œuvre, de sa pensée et de sa vie et qu'il s'en dégageait comme un enseignement et une doctrine.

Car on peut dire que Puvis de Chavannes avait bien une doctrine, et qu'il ne dédaignait pas de donner un enseignement. Ce n'est pas, certes, qu'il se posât en pédagogue ni qu'il crût aux pédagogies. Tout au contraire, ses conseils consistaient surtout à vous mettre en garde contre le gavage de l'école. Pour lui, les véritables leçons se dégageaient, non des seules traditions et des seuls principes, mais de l'observation intelligente et clairvoyante des phénomènes de la nature et des actes de la vie, de l'exercice du jugement auquel il fallait conserver soigneusement toute sa rectitude, de l'examen logique des idées et de l'accord de ces idées avec les termes du langage employé. Tout cela se réduit, en somme, au fonctionnement d'une bien modeste faculté qui semble innée chez tout homme, le simple bon sens, et cependant, si nous en apercevons la marque jusque chez les êtres les plus primitifs, comme ces humains des premiers jours qui, en rentrant de quelque chasse farouche, essayaient d'en retracer les épisodes sur des os de rennes ou des cornes d'aurochs, nous constatons que les produits de culture avancée qui forment la gloire d'une école, en paraissent souvent fort dépourvus. Si nous n'avions pas l'œil gâté par notre éducation artistique, par les images qui circulent devant nous depuis notre enfance, que nous voyons admirer et que nous admirons nous-mêmes, soit pour des mérites à côté, soit parce que notre jugement s'est peu à peu faussé, nous serions épouvantés, quand nous nous promenons dans un salon — je n'ose pas dire dans un musée, — par la convention et l'artifice qui régissent toute notre inspiration artistique. Nous nous sommes fait, pour les choses de l'art, un jugement distinct de celui qui nous sert pour les choses de la vie. C'est-à-dire que, sous prétexte de style, d'histoire et autres rengaines, nous admettons, dans la peinture ou la sculpture, toutes sortes d'outrances qui nous feraient sourire dans la réalité.

Ce travers nous vient, sans doute, en partie
du théâtre. Il y est de règle qu'il faut forcer
l'effet sur les planches et qu'on est obligé à
certaines conventions pour toucher plus violemment le public.

Le théâtre a eu une action très certaine sur la
peinture, de même que la peinture a exercé son
influence sur le théâtre. Sur la scène, qui est
presque toujours entourée d'un cadre, d'un vrai
cadre, comme un tableau, le metteur en scène
s'ingénie à disposer ses personnages comme s'il
réalisait une peinture de Delaroche ou de Gal-
lait. Les relations entre les deux arts sont très
anciennes et même de toute date dans notre histoire; il n'y a pas de doute, surtout quand on suit
le parallélisme constant de leurs inspirations.
Une autre cause d'erreur dans notre école a été
la domination séculaire des grands décorateurs
venus d'Italie au xvie siècle. L'emphase et la
grandiloquence de leur langage imagé, si bien
fait pour leurs architectures, leurs mœurs, les
conditions de leur pensée, habituée aux vibra-
tions et aux sonorités de ce parler éclatant et
coloré, modifièrent la tenue de l'art français et,
depuis Simon Vouet, tous nos décorateurs

adoptèrent un genre tumultueux, théâtral, de compositions où les personnages prennent des airs agités de prophètes ou de sibylles en colère, et que traversent de larges coups de vent faisant claquer toutes les étoffes. Nous regardions un jour, avec Puvis de Chavannes, un tableau de ce genre. « Voyez-moi le vent qu'il fait dans cette toile », dit-il, « s'il faisait, dans la réalité, le vent qui secoue toutes les draperies, les personnages pourraient-ils tenir debout? »

Ce vaste maniérisme académique a suscité, de diverses parts, chez nous, des mouvements de protestation formulés par quelques natures indépendantes et clairvoyantes. Je n'ai pas besoin de rappeler les noms de Rodin, de Degas, de Renoir et, en particulier, du groupe impressionniste. Ce sont, sans doute, ces mêmes généreuses haines qui rapprochèrent Puvis de Chavannes de ce milieu. Car, chez Puvis, ce sentiment était nettement conscient et formulé, et il ne manquait jamais une occasion de le déclarer avec énergie ou avec violence. J'ai souvenir d'un jour où, comme nous passions par hasard en voiture devant l'école des Beaux-Arts, dont les portes étaient ouvertes, il eut la curiosité d'entrer voir le concours qui était annoncé. Je n'oublierai jamais la stupéfaction et la consternation qui se peignirent sur son visage en voyant le déplorable enseignement donné à des jeunes gens qui, ici, s'essayaient à une décoration où tous les personnages dansaient comme dans un ballet d'opéra-comique ou qui, là, devaient réaliser un paysage « de chic » sans aucune donnée, sans pouvoir faire emploi de leurs souvenirs. Qu'eût dit alors Puvis, qui sortit indigné, si je lui avais répété ce que me racontait, un jour, un de ces jeunes concurrents : c'est que, lorsque c'était Gérôme qui donnait le sujet du paysage, il le prenait toujours dans une saison qui n'était pas celle à laquelle avait lieu le concours. Comme cela, les jeunes gens ne pouvaient pas être trompés par la nature qu'ils auraient eu envie de consulter en sortant de l'école.

Puvis disait qu'avant toutes choses il fallait « voir », et je le vois encore disant cela en mettant la main sur les yeux, comme retenant une vision intérieure. Il entendait par là qu'il fallait voir en dedans de soi la scène ou le spectacle qu'on voulait peindre, exactement comme si on était un témoin oculaire caché à la faveur de quelque écran naturel. Prenez, par exemple, au Panthéon, l'*Enfance de sainte Geneviève* et comparez, à côté, l'*Histoire de saint Louis*, de Cabanel. Cette dernière composition est assurément ce qu'on appelle un morceau distingué d'école. Au point de vue du rendu détaillé des figures, des étoffes, des accessoires mobiliers, au point de vue peut-être aussi de la certitude anatomique, on n'y trouvera rien à reprocher. Et, cependant, nous n'avons jamais vu scène pareille que dans le décor de quelque grand opéra; nous n'avons pas conscience que, arrivé à l'abri de quelque colonne ou de quelqu'une de ces tentes dressées sur la plaine de Tunis, nous ayions pu surprendre ainsi le jeune roi étudiant près de sa mère, ou rendant la justice au peuple ou expirant entre les bras de ses fidèles.

Tout cela se passe, pour nous, dans le monde artificiel où la musique fait mouvoir ses personnages de convention. Allez maintenant vers l'œuvre de Puvis de Chavannes : ce qui nous frappe avant tout, ce ne sont ni les mérites techniques, ni le rendu savant des objets. Pour l'exactitude, le moindre accessoire de Cabanel est, je le concède, plus scrupuleusement représenté que tous les éléments qui contribuent à former la décoration de Puvis de Chavannes. Ce qui nous frappe, c'est la vraisemblance. Il vous semble bien, là, que vous assistiez à la scène, caché derrière une masure ou un tronc d'arbre; vous participez à l'émotion de tous les acteurs. Il n'y a pas de recherche extrême dans l'individualisation des types et, pourtant, vous reconnaissez les doux, bienveillants et sages évêques de ces temps troublés qui viennent visiter leur troupeau. Vous êtes bien dans un paysage de l'Ile de France, gris, un peu mélancolique, avec sa grandeur faite de simplicité. Ce malade qu'on amène, ces bateliers qui s'arrêtent, ces potiers qui laissent leurs fours pour demander la bénédiction des saints pasteurs et cette petite fille, si peu « phénomène », si naturelle, si simple dans sa foi naïve et si modeste dans son attitude émue, c'est bien cela, vous le reconnaissez. Il semble que tout d'un coup la puissance du souvenir ait énergiquement évoqué un spectacle auquel vous ayiez réellement assisté. Et chaque fois que vous revenez devant cette quadruple travée, chaque fois vous êtes pris davantage, enveloppé par l'insinuante magie de ces accords colorés, si sobres et si pénétrants et retenu par l'accent de réalité du spectacle.

Or, cette réalité est faite d'observation, de choix, de logique et de raison. Car la vérité artistique est d'un ordre de vérité relative, qui n'est pas l'exactitude littérale, mais, comme je le disais, la vraisemblance. Delaroche, comme Cabanel, qui le continue, avait au plus haut point la préoccupation de l'accessoire, du costume, du décor, du mobilier et, néanmoins, rien n'est moins vivant, malgré d'habiles artifices, que ses compositions les plus célèbres. Mais chez Puvis, dans toute composition, chacun des personnages contribue à l'action et y prend part suivant l'importance de son rôle. Et il n'est aucun comparse inutile. Aussi, la composition est-elle enchaînée, en dehors de l'arabesque des lignes et de la masse des groupements, par un fort lien moral. Il faut parcourir la série des croquis préliminaires qu'il a exécutés en vue de sa dernière œuvre du *Ravitaillement de Paris* pour se rendre compte à quel point ce voyant, cette nature intuitive et spontanée procédait par calcul, par éliminations successives, par sacrifices continus pour arriver à l'exposition simple et claire de cette vision si vivante dans la profondeur de son être. C'est qu'il savait que les conditions de l'art ne sont point celles de la vie et qu'il faut à l'artiste autant d'esprit d'abnégation que de science et de talent pour arriver à réaliser cette imposante unité qui, seule, assure à l'œuvre sa puissance d'expression et d'émotion.

J'ai déjà dit, au lendemain de sa mort, la part qu'il donnait au dessin dans son œuvre. A mesure qu'il s'était développé dans sa personnalité, il avait fini par se dépouiller de toute velléité plus ou moins consciente de virtuosité ou de dilettantisme, et il n'était plus poursuivi que d'une préoccupation obsédante, nous mettre face à face avec le spectacle merveilleux de sa vision intérieure, comme si nos yeux avaient pu s'ouvrir directement dans son cerveau.

Aussi, bien qu'il n'y ait peut-être pas d'art plus consommé, les moyens qu'il emploie sont, en apparence, et, de jour en jour, de la plus extrême simplicité.

On a beaucoup plaisanté jadis ces bons peintres de l'école de David, qui faisaient un tableau en traçant des contours puis en mettant

de la couleur entre les traits. A vrai dire, Puvis
ne fait guère autrement. A l'époque de sa maturité, il décomposait son travail en deux opérations successives à chacune desquelles il atta-
chait une importance inégale. Pour en expliquer
le mécanisme, il employait volontiers une comparaison que j'ai déjà, je crois, antérieurement
citée. Il disait qu'il concevait ses compositions
comme une sorte d'opéra musical, formé du
poème dramatique d'une part et de la musique
de l'autre. Le carton, c'est le livret, ajoutait-il,
la couleur c'est la musique. Mais, tandis que les
compositeurs ne prennent guère le premier que
comme prétexte de la seconde, Puvis, au contraire, donnait toute la première importance au
livret, c'est-à-dire au carton. Ce prétendu
improvisateur consacrait à l'ordonnancement de
la composition, à la préparation de chacun des
éléments du dessin, à peu près, suivant sa
propre évaluation, les dix douzièmes du temps
que lui nécessitait l'entreprise tout entière.

C'est ce qui explique le nombre considérable
de ses dessins par rapport au nombre assez
limité de ses peintures. Ces dessins sont de
deux sortes. Les uns rentrent dans la première

catégorie que nous observions, dans les cartons
de musées, dans ces beaux morceaux d'exécution, traités avec un savant dilettantisme. Ce
sont, par exemple, les admirables sanguines
destinées aux décorations d'Amiens, ce groupe
si émouvant de puissance expressive du vieux
conteur, ou ces couples de jeunes gens qui
écoutent, ou ces faucheurs accroupis, destinés
au panneau du Repos; c'est encore cette grande
étude pour le *Charles Martel*, pourtant celle-ci
plus librement interprétée. Nous voyons par là
qu'il aurait pu, lui aussi, s'il avait voulu, briller
par la recherche de qualités graphiques ou de
science anatomique. Mais plus il avance dans sa
carrière, plus il se sent en mesure de traduire
de plus près sa pensée artistique, plus il se
dégage de ces substances de compréhension
traditionnelle pour 'représenter les apparences
de la vie, mais dans ce qui constitue la vie
même, c'est-à-dire, pour les corps, en détermi-
nant exactement les proportions, les volumes, les
rapports des membres, leurs attitudes, leur
mimique; car il tient, par-dessus tout, à la
valeur expressive de ces éléments. Et, afin de
montrer à quel point il se souciait peu alors de

la valeur anatomique des sujets humains pour n'en considérer que la physionomie expressive, je dévoilerai un petit détail qui m'a été conté par un jeune confrère et familier du maître. Comme j'observais devant lui que chez certains artistes anglais, soit par raison de convenance, soit par difficulté de trouver des modèles, soit par inconscience de la forme, les figures de femmes étaient souvent posées par des modèles d'hommes : «C'est absolument le contraire de Puvis, me dit-il; à la fin de sa vie, il ne faisait plus guère poser que des femmes, même pour des figures d'hommes. Les modèles hommes le dégoûtaient dans leur nudité brutale ». Et, en effet, certains dessins des dernières années m'avaient troublé par un caractère masculin inégalement déterminé dans tout le corps.

Tels qu'ils sont, sous l'apparence abandonnée ou négligée, sous leur aspect parfois fruste, gauche ou abrégé, les crayonnages de Puvis de Chavannes deviennent très attachants. Ils sont pour nous les termes singulièrement éloquents d'un vocabulaire inédit, riche et varié, qui nous permet de lire et de pénétrer dans l'intimité et dans la profondeur de son rêve. Bien mieux, ils nous révèlent, si l'on peut dire, le mécanisme de son intelligence et les principes directeurs de son inspiration. Je sais qu'on ne manquera pas de sourire si je leur donne une valeur égale aux plus beaux dessins d'Ingres. Et je n'ai pourtant pas dit encore toute ma pensée, car les dessins d'Ingres ne m'ont guère appris qu'à admirer ce maître, tandis que ceux de Puvis de Chavannes sont de ceux qui doivent nous enseigner à voir, à comprendre et à aimer la vie.

GUSTAVE MOREAU et E. BURNE-JONES

Trois grands deuils successifs ont découronné
en peu de temps, des deux côtés de la Manche,
l'école de peinture contemporaine[1]. Gustave
Moreau, Burne-Jones, Puvis de Chavannes sont
entrés dans le néant et dans l'Histoire, nous
laissant encore tout illuminés par le sillage sub-
sistant de leur glorieux souvenir. Seuls restent
debout encore, de ces quelques rares songeurs
qui ont tenu haut, à travers toutes les vicissitudes du siècle, le flambeau apollonien de l'idéal
et du rêve, dans sa villa écartée de Fiesole,
Böcklin, le créateur panthéiste de cet Olympe
trivial, exubérant et farouche de demi-dieux

1. 1898. Étude parue d'avril à juillet 1899 dans la *Revue de
l'Art ancien et moderne.*

primitifs, nés de la terre et des eaux[1], et, dans son jardin de Little Holland House, l'auguste figure du vieux Watts[2], sculptant d'une main fiévreuse, mais vaillante, d'octogénaire, la statue équestre colossale de la « Physical Energy ».

De ces trois grands disparus, Puvis de Chavannes est le mieux connu de nous. Pendant près de quarante ans, dans son inébranlable sérénité, malgré les sarcasmes imbéciles et les attaques stupides, comme, plus tard, devant le flot montant des hommages de reconnaissance et de vénération, il a couvert les murailles de nos principaux édifices de nobles fictions qui font l'enchantement de nos yeux et de nos esprits. Nous avons vécu jour par jour sa pensée et son rêve ; il ne nous laisse rien d'ignoré.

Il n'en est pas de même de Gustave Moreau ni de Burne-Jones. Le premier, écœuré de la promiscuité hasardeuse des expositions, dédaigneux des suffrages ou des critiques de la foule, s'était étroitement muré depuis près de vingt ans dans une orgueilleuse solitude. Il avait pris à tâche de se faire oublier, vivant pour son rêve,

1. Décédé en 1900.
2. Décédé en 1904. Voir page 227.

ne laissant échapper que de loin en loin, discrètement, quelque précieux ouvrage en faveur d'un très petit nombre d'amateurs privilégiés. Pour beaucoup de ses contemporains, il n'était plus qu'un souvenir ou même qu'un mythe, lorsqu'un événement fortuit de sa vie, sa nomination de professeur d'un atelier de la rue Bonaparte, vint le mêler aux courants actifs qui dirigent l'art depuis ces dernières années et faire de son nom le mot d'ordre d'un renouveau idéaliste.

Son enseignement à l'École des Beaux-Arts, conçu ainsi qu'un véritable apostolat, avait exercé non seulement sur ses propres élèves, mais sur ceux des ateliers voisins, une véritable fascination et, vers la fin de sa carrière, comme il était suivi de ses disciples qui imitaient son œuvre, pour ainsi dire sans la connaître, son prestige grandit tout d'un coup en même temps que le mystère de son art à peine deviné intriguait davantage le public.

La large et intelligente libéralité de Charles Hayem qui a enrichi le Luxembourg de quinze des plus rares ouvrages du maître, l'ouverture du musée Gustave Moreau, organisé avec une

piété touchante et une sollicitude très éclairée
par l'ami et le confident intime de G. Moreau,
M. Rupp, nous ont fait pénétrer jusqu'au
fond de cette âme mystérieuse dont la poésie
fastueuse, aiguë et pénétrante a réveillé en
nous le sens de la vie intérieure et le goût du
merveilleux.

A ce moment même venait de se clore à
Londres, une manifestation parallèle en mémoire
de sir Edward Burne-Jones. Ses admirateurs et
ses amis réunissaient au Burlington Club et à la
New Gallery une exposition des principaux chefs-
d'œuvre du maître anglais, de ses dessins et de
ses esquisses. C'était une répétition définitive
de l'exposition si brillante qui fut organisée déjà
en 1893.

Une dernière fois, l'exquis poète de l'*Amour
dans les ruines*, du *Roi Cophetua*, du *Chant
d'amour*, des histoires de *Persée* et de *Pygmalion*, aura pu être attentivement suivi par le
public anglais dans l'ensemble de son rêve.
Mal connu chez nous, bien qu'il eût exposé, à
toutes nos grandes expositions décennales, des
œuvres qui s'imposèrent à l'attention du petit
nombre des curieux vraiment épris d'art, et

connu seulement par quatre ou cinq tableaux qu'il envoya au salon du Champ-de-Mars quelques années avant sa mort, il ne força ce qu'on peut appeler les portes de la grande publicité qu'en raison de l'engouement factice, hélas! et bien passager, manifesté sur son nom, grâce à la coïncidence, avec ses envois, du petit mouvement idéaliste qui s'était développé dans la jeunesse, et aussi grâce à la mode, qui commençait à s'implanter chez nous, de l'art mobilier de son ami William Morris.

Il nous a donc paru intéressant de rapprocher ces deux belles figures de Gustave Moreau et de Burne-Jones, qui s'appréciaient mutuellement et entre lesquelles existe plus d'un rapport conscient ou involontaire, persuadé que ce rapprochement permettrait peut-être de les mieux connaître l'un et l'autre et nous aiderait à comprendre le caractère de l'idéalisme et de son expression plastique dans le génie des deux nations.

I. GUSTAVE MOREAU

C'est dans son ancienne maison paternelle, située rue de la Rochefoucault, transformée récemment en un hôtel assez modeste d'apparence, que Gustave Moreau avait présidé, de son vivant, à l'aménagement de cette accumulation déconcertante de grandes toiles inachevées, d'é-bauches, de dessins, d'aquarelles, d'études, de notes, ouvrage préparé pour l'occupation de plusieurs vies d'homme. L'indication, seule, de ses 7.000 dessins et 800 peintures ou aquarelles, nous laisse muets d'étonnement en face du labeur d'une existence dont les heures ont, toutes, été remplies. Aussi, en ehtrant dans cette maison, est-on gagné aussitôt par un sentiment indéfinissable que les anciens eussent comparé à cette sorte d'effroi sacré dont on est saisi en entrant dans un temple.

Et c'est bien un temple, en effet, élevé à je ne sais quelle étrange religion idéale, formé de toutes les mythologies, de toutes les théogonies confondues, mais d'où s'exhale, comme en un verbe unanime, un leçon d'une haute signification morale.

Au premier aspect, on est d'abord ébloui par cette splendeur sombre et farouche. Puis, devant tout cet inachevé, ce monde en quelque sorte chaotique, cette vie en gestation perpétuelle brusquement arrêtée par la mort, on est pris d'une profonde mélancolie. Car ce spectacle est vraiment d'une grandeur pleine de tristesse ; il montre avec une singulière éloquence l'impuissance de l'homme à embrasser entièrement l'étendue de son rêve et l'imprudence qu'il y a à ne pas savoir limiter le champ de ses ambitions.

En même temps, cette intelligence active, inquiète, constamment éclairée par une curiosité insatiable, a touché à tant de sujets, a puisé à tant de sources, a remué tant de formes et d'idées, qu'à vouloir la suivre, on est rompu de l'effort et de la tension continus qu'elle exige de nos facultés. Après la première visite on sort tout écrasé.

On éprouve même — pourquoi ne point

l'avouer ? — une sorte de vague déception. C'est
que, partant de ce qu'elle connaissait déjà, notre
imagination a travaillé sur tout ce mystère, aidée
en cela par la littérature qu'a enfantée l'œuvre
de Gustave Moreau. Car on a écrit beaucoup sur
lui et peu d'artistes aidaient mieux que lui, sans
doute, à des développements littéraires par son
singulier pouvoir de secouer la torpeur de nos
facultés imaginatives, de stimuler notre cerveau,
d'évoquer des mondes ou de réveiller des souvenirs. Aussi a-t-il prêté à toutes sortes d'élucubrations plus ou moins fantastiques, fournissant
à quelques écrivains particulièrement doués,
l'occasion d'admirables virtuosités. Et l'on a
abusé un peu de notre ignorance pour nous surprendre et nous égarer. Nous nous sommes
laissé griser par la sonorité des mots. C'est ainsi
qu'on nous a présenté un Gustave Moreau fort
romantique et fort étrange, et dépeint son œuvre
comme épanoui sous je ne sais quelle inspiration sadique, et, ainsi qu'on l'a dit en termes
moins mesurés, sous l'action d'une sorte de folie
solitaire.

Aujourd'hui que nous avons pénétré tout son
œuvre et que les richesses de son atelier nous

ont permis d'analyser sûrement le mécanisme
de sa pensée, nous avons le droit de protester
contre ce portrait peu ressemblant. La figure de
Gustave Moreau perdra peut-être de son caractère fabuleux à voir s'évanouir toutes ces
légendes, mais on lui rendra un plus juste hommage en l'admirant avec la conscience plus exacte
de sa volonté et de son effort et en dégageant,
sans les dénaturer, son idéal et son enseignement.

Non, certes ! Gustave Moreau ne fut point une
sorte de sensualiste étrange et troublant, lubrique
et névrosé, fasciné par le vertige de l'érotisme,
hanté par les symboles des perversités, des
stupres et des dépravations. Son œuvre n'a pu
produire cette impression inattendue que sur
l'hystérie morale, la déséquilibration morbide
de notre temps. Ce grand illuminé, si l'on veut
le nommer ainsi, fut doué, assurément, d'une
façon exceptionnelle, d'un don d'intuition, d'un
véritable sens divinatoire, qui en faisaient un
grand visionnaire. Mais nul ne donna le sentiment plus intense d'une intelligence particulièrement compréhensive, réfléchie, cultivée,
étroitement disciplinée, en un mot, d'un
« cerveau ».

Un mot précieux, cueilli dans les notes qu'a réunies religieusement M. Rupp et qu'il est regrettable qu'une clause du testament interdise de publier, nous est un indiscutable témoignage de son absolue possession de soi : « Mon plus grand effort, mon unique souci, écrit-il, ma préoccupation constante est de diriger le mieux que je puis, cet attelage si difficile à conduire d'un pas égal, mon imagination sans frein et mon esprit critique jusqu'à la manie ». Il s'est jugé là comme personne n'eût su le faire.

Que nous le surprenions, en effet, dans la poursuite de son idéal ou dans la recherche de ses moyens d'expression, nous trouverons partout la même dualité de facultés contradictoires qui s'équilibrent mutuellement.

C'est à l'heure de l'inspiration que l'imagination de Gustave Moreau prend son plus large essor, comme c'est au moment de la création qu'apparaît cette faculté d'analyse, qui se dresse inquiète, anxieuse, pesant tout, contrôlant tout, opposant aux velléités d'indépendance de l'imagination sa force de discussion et de résistance.

Il n'est point de temps, point de cieux que n'embrasse sa pensée, pas de régions qu'elle n'explore, se perdant dans les profondeurs du passé, s'égarant dans les infinis du rêve. Mais il a un besoin indispensable de merveilleux, aussi dédaigne-t-il la réalité et ne se plait-il guère à respirer que l'atmosphère surnaturelle du monde imaginaire des héros, des divinités, de la Fable. Il a, vraiment, une prédilection marquée pour certaines formes de civilisation : l'antiquité grecque, dans le recul des siècles, à cet âge d'or où l'homme, heureux dans ses horizons bornés, est roi du monde, ou, du moins, le dispute aux dieux, et l'Orient, avec tout ce que les races privilégiées de ces pays exotiques ont apporté, au trésor de l'esprit humain, de poésie profonde et farouche, subtile et délicate. Il se plait à retrouver tous les anciens avatars de l'homme d'aujourd'hui à travers les caractères de ces deux grandes races, aryenne et sémitique, qui nous ont donné, l'une, l'idéal de raison et de beauté, l'autre, celui d'amour et de sacrifice, et dont les civilisations confondues ont formé la nôtre.

Aussi, la mythologie des Hellènes, le grand livre immortel des Hébreux, la légende sacrée des Évangiles forment-ils la triple source iné-puisable de son inspiration coutumière. Tantôt

il s'abreuve séparément à chacune d'elles, tantôt
il semble mêler leurs cours. Mais, qu'il le veuille
ou non, elles se pénètrent mutuellement, de
telle sorte que, par exemple, pour les religions
grecques, il fait saillir dans ce rapprochement
avec le monde biblique toutes leurs subsistances
orientales, somptueuses et un peu barbares, et
il les attendrit en même temps, d'une teinte de
mélancolie, sous le reflet caressant de pitié et
d'amour que répand le voisinage des légendes
chrétiennes.

Avec une compréhensivité pénétrante d'homme
moderne, sur la pensée duquel ont passé les
grands bouleversements de l'Histoire et de la
Science, il établit les rapports étroits entre les
hommes d'autrefois et ceux d'aujourd'hui, cons-
tatant qu'il n'y a rien de changé dans les grandes
idées de l'humanité, si ce n'est la forme des
images. Le fond des vérités est le même à travers tous les temps. Aussi montre t-il une intelligence particulière des mythes, qu'il s'efforce
de relier, à travers les diverses civilisations,
pour leur faire exprimer, sous leur symbolique
différente, leur même enseignement moral. Dans
la curiosité de Sémélé, tentée par Junon, qui

veut connaître le Dieu face à face, nous retrouvons la curiosité d'Ève, tentée par le serpent, qui mord au fruit de l'arbre de la science. Et c'est encore ici Pandore, la première femme chez les Grecs, qui répand tous les maux sur l'humanité, comme fait Ève, la première femme, chez les Hébreux. Il rapprochera Prométhée de Jésus. Léda et le cygne, dans la communion voluptueuse et sacrée de ces deux blancheurs entre la divinité et l'humanité, évoqueront dans sa pensée le miracle chrétien d'union chaste entre le Saint-Esprit et la Vierge Marie.

S'il se plaît, avec un sens aigu et raffiné de poète et d'artiste, à réveiller toutes ces images, il s'attache surtout à les ressusciter pour nous, telles qu'elles nous semblent s'être formées dans le cerveau des peuples d'autrefois, qui en comprenaient la signification religieuse. Et c'est surtout à cette signification elle-même qu'il s'intéresse particulièrement. Car, si Gustave Moreau croit à la magie et à la puissance de l'art, il ne conçoit point un art qui n'a rien à dire ; il veut que le sien soit le véhicule magnifique de sa pensée, le miroir précieux et fidèle des troubles et des aspirations de son humanité, qui est celle de son temps. Il professe donc une sorte de philosophie personnelle, singulier mélange d'anthropomorphisme et de panthéisme, de stoïcisme et de bouddhisme, teintée par ce qu'il y a de fatal dans les religions antiques et orientales, d'attendri et de consolant dans le mystère chrétien. Ou, si l'on veut, c'est plutôt encore une sorte de contemplation attentive et passionnée du monde moral par un voyant placé très haut.

Suivons-le maintenant dans le choix de ses sujets de prédilection; Gustave Moreau nous y dévoilera les principes fondamentaux de son idéalisme.

*
* *

Ce qui fait sa personnalité, c'est qu'il est à la fois, indissolublement, un poète et un artiste. Aussi, chemin faisant, l'artiste qui est en lui s'attarde-t-il quelquefois, avec un dilettantisme précieux, à se récréer devant des motifs purement pittoresques, qui n'ont d'autre intérêt bien précis que leur propre charme, l'élégance de leur arabesque, l'harmonie de leurs colorations, la suavité de leur vision, la grâce, le caprice et l'imprévu de leur décor. Assurément, tous ces morceaux où sa fantaisie se déploie plus librement, sont loin d'être indifférents dans son œuvre. Pour être d'une signification moins profonde, ils sont, par contre, d'un esprit moins tendu et nous plaisent sans effort. Ils se rencontrent à toutes les époques de sa vie, soit comme essais techniques, soit comme délassements de son cerveau, et, peut-être davantage à ses débuts, alors que sa pensée n'a pas encore conçu un plan bien défini de son univers intérieur. Mais bientôt nous le voyons obéir à certaines préoccupations constantes qui, sous les formes diverses des prétextes nombreux empruntés à ses sources habituelles d'inspiration, ont pour but d'exprimer les mêmes conceptions morales.

Ces sujets peuvent se répartir sans trop d'arbitraire en quatre catégories : 1° le *Cycle de l'Homme* ; 2° le *Cycle de la Femme* ; 3° le *Cycle de la Lyre* ; 4° une catégorie de hautes généralités se rattachant indistinctement à l'ensemble de son inspiration et dans laquelle on pourrait encore trouver une sorte de *Cycle de la Mort.*

Par le Cycle de l'Homme, il faut entendre le Cycle de l'héroïsme. L'homme, dans son acception la plus haute de héros, de conducteur de peuples, de prophète, de messie, de martyr et de demi-dieu, représentant le principe du bien, l'esprit de générosité, de dévouement et de sacrifice. Œdipe, Jason et Thésée, Hercule et Moïse, Prométhée et Jésus, saint Jean-Baptiste et saint Martin, tous les beaux téméraires, les grands incompris, les sacrifiés volontaires, se coudoient et se reconnaissent dans ce monde irréel et merveilleux qui leur appartient à tous et d'où jaillit, du charnier sacré de renoncements, d'abnégations, de résignations, d'humilités et de sacrifices, en une touffe puissante et sanglante, la *Fleur mystique*, portant, au haut de sa tige, cette jeune et chaste figure de Vierge tenant la croix, que vient visiter l'oiseau céleste.

La Femme, c'est la puissance de la Beauté, victorieuse des dieux eux-mêmes. Vénus sortant des flots, sa nudité ruisselante, éblouissant les pêcheurs primitifs et sauvages qui en subissent déjà l'impérieuse domination. C'est Europe et Léda et Sémélé, les incomparables mortelles qui ont blessé la divinité la plus haute. Mais c'est aussi, dans la beauté, tous

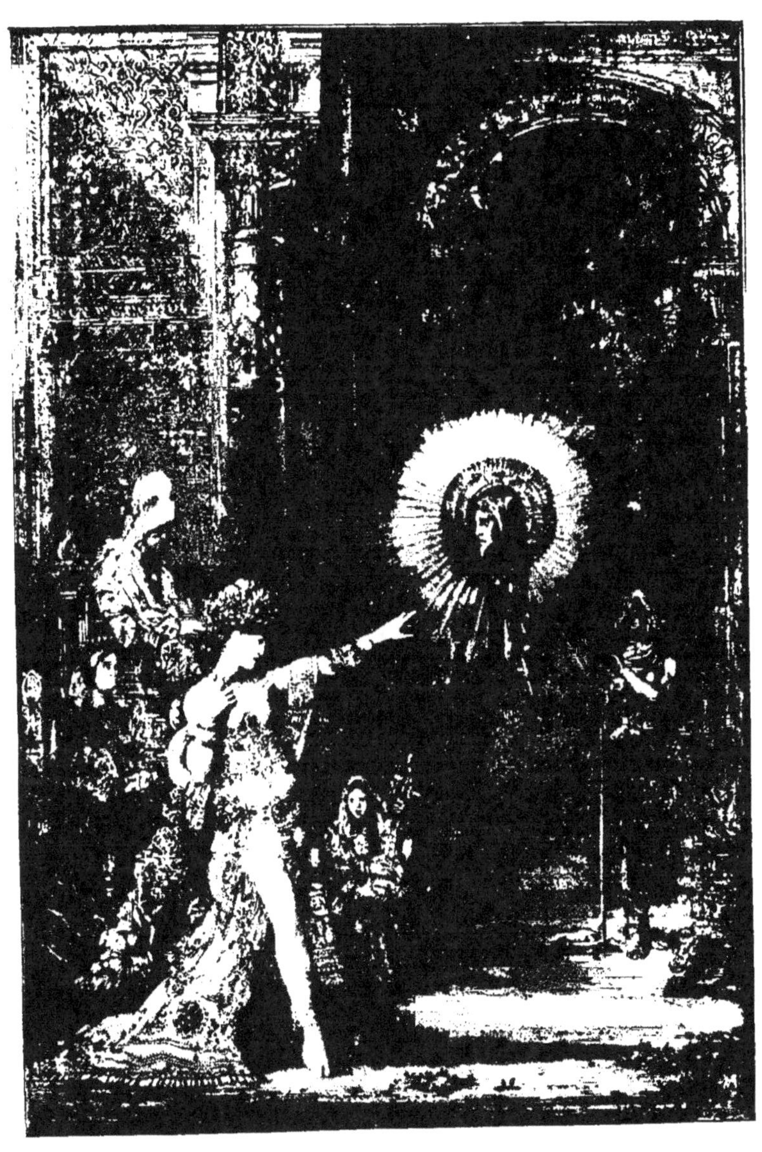

Gustave Moreau. — L'apparition.
(Don Hayem, Musée du Luxembourg).

ces germes fatals qui détournent les héros de
leur voie et les précipitent dans l'abîme de
l'erreur et du crime. C'est le principe inconscient du mal, l'esprit de curiosité et de convoi-
tise, le symbole de la perfidie et de la luxure,
de la vanité et de la cruauté déguisée. C'est
Ève et c'est Pandore, c'est Lucrèce et c'est
Messaline, Suzanne et Bethsabée, Salomé et
Dalila. C'est le *Triomphe d'Hélène*, Hélène dont
la beauté heurta les peuples en longues et san-
glantes mêlées ; Hélène, si belle et si touchante
par sa beauté et par ses larmes, que ses ravis-
seurs, en la voyant passer, l'admiraient sans
aucun regret des maux qu'elle leur causait
et comprenaient que leurs ennemis pussent
accepter toutes les souffrances pour une telle
créature. Ce sont aussi les monstres impéné-
trables ou séducteurs, le Sphinx et les Sirènes
et les *Chimères*, cette vaste et étrange composition inachevée sur laquelle Gustave Moreau a
formulé, dans ses notes manuscrites, tout son
résumé de sa conception pessimiste de la
Femme, « la Femme, dans son essence première, l'Être inconscient, folle de l'inconnu, **du**
mystère, éprise du mal sous la forme de séduc-

tion perverse et diabolique », qu'il enferme dans une « enceinte satanique », dans le « cercle des vices et des ardeurs coupables ».

On ne connaît pas assez la biographie intime de Gustave Moreau pour savoir quelles étaient exactement ses préférences littéraires. Mais, dans cette opposition fortement contrastée des deux natures de l'Homme et de la Femme, ne retrouve-t-on pas la conception amère, développée en vers d'une si grave et si hautaine mélancolie, dans *la Colère de Samson* d'Alfred de Vigny? Ce n'est pas le seul point de similitude entre ces deux grands songeurs solitaires, qui se détournaient de la Nature indifférente pour contempler « la majesté des souffrances humaines ». La troisième catégorie des compositions de Gustave Moreau, celle que nous appellerons le *Cycle de la Lyre*, semble encore rapprocher ces deux nobles esprits.

La Lyre, c'est pour Gustave Moreau l'emblème rédempteur d'une religion nouvelle, que ses prêtres élèvent au-dessus de l'Humanité comme Jésus a élevé sa croix. C'est le signe divin de la religion du Verbe, de l'Esprit pur, annonçant le règne de l'Idée qui doit couronner le progrès humain. Cette religion a aussi son Messie, ses apôtres, ses pontifes et ses martyrs. C'est Apollon, le Dieu porte-lumière, assis sous les bouquets de lauriers du Parnasse, qui, le chef rayonnant de clarté, le front soucieux, l'œil plongé dans le lointain du rêve ou dans les profondeurs de la vie intérieure, envoie les Muses répandre par le monde la propagande du Beau et de l'Esprit. Et nous les retrouvons ailleurs, le dieu de splendeur, de mesure, d'ordre et de beauté, écorchant Marsyas ou chassant les satyres, symbolisant ainsi la conquête de l'intelligence sur la barbarie ; et ce groupe enchanteur des jeunes Muses, marchant dans un rythme égal en faisceau pressé, portant près des hommes leur glorieux apostolat. Et ce sont ses héros et ses martyrs, ses conquérants et ses civilisateurs : Orphée, Tyrtée, Hésiode, Sapho, victime de l'amour, et la grande figure hébraïque du vieux roi psalmiste, David, au soir de la vie, et sainte Cécile, convertissant ses bourreaux comme ses précurseurs anciens charmaient les bêtes ; et il faut ajouter à cette série prophétique une courte suite tout à fait charmante de

petits sujets empruntés à l'inspiration des minia-
tures persanes et exécutées dans leur même
goût rare et exquis : des *poètes* et des *chanteurs*,
et de délicieuses *péris*, comme celle du don
Charles Hayem, et des poétesses persanes ou
indiennes, en de doux paysages rosés, sertis
dans de capricieux encadrements orientaux. Et
tout ce cycle se résume, à son tour, en une
composition synthétique particulièrement expressive : *Les lyres mortes*, d'où s'exhale de tous
ces instruments brisés et de ces voix éteintes le
chant vainqueur qui doit conduire l'Humanité.

La dernière catégorie de sujets comprend des
compositions générales ou même des motifs particuliers, les uns et les autres susceptibles de
porter un enseignement moral plus ou moins
direct. C'est, dans le genre des compositions
de ses confrères britanniques, Ed. Burne-Jones
ou Watts, qui ont beaucoup exploité ces hautes
allégories poétiques : *la Débauche et ses vio-
lences, l'Amour vainqueur de la Mort, l'Ange de
la Mort, le Jeune homme et la Mort*, dont la
mélancolique allégorie en mémoire de son ami
Chassériau est bien connue aujourd'hui par la
répétition à l'aquarelle donnée par Ch. Hayem, et

des scènes plus anecdotiques : la Mort au milieu
d'un tournoi ; des amants qui voient passer une
Parque, ou bien les paraboles éternelles de
l'Enfant prodigue ou du Bon Samaritain. Cette
série, dont la plupart des sujets forment vraiment un *Cycle de la Mort*, rappelle plus spécialement les représentations symboliques des
Giottesques du Campo Santo ou des Allemands
et des Flamands du xve siècle.

Tel est donc l'exposé synthétique et concis
de sa compréhension du monde moral. Son
imagination, nous le voyons, si exaltée qu'elle
paraisse, si vagabonde qu'il la croyait lui-même,
tourne toujours invinciblement autour des mêmes
pivots de sa foi idéaliste et ses diverses inspirations viennent s'engager, on dirait presque
méthodiquement, dans le sens de certaines direc-
tions accoutumées.

C'est maintenant, au moment de la réalisation
de son rêve, de l'expression concrète de ses
idées, qu'apparaît la règle inexorable de sa raison et de son jugement qui vient discipliner tout

son beau désordre prophétique. Si nous cher-
chons comment il procède dans l'élaboration de
son sujet, nous voyons qu'il semble employer,
suivant l'état de son esprit, deux méthodes tout
opposées.

Tantôt, frappé par la donnée poétique d'un
thème et, percevant aussitôt les apparences con-
tingentes et les conséquences doctrinales qu'il
comporte, il entre jusqu'au fond de son rêve,
le voyant et le vivant ; puis, s'animant et s'exaltant dans la fièvre de la gestation, il s'assied,
le plus souvent, devant son cahier de notes, la
plume à la main, et là, comme se parlant à
lui-même, il fixe sa pensée, localise la scène,
analyse tous les éléments qui la composent, et
qui chacun ont leur valeur, s'éloignant peu
à peu du fait, pour lui toujours vulgaire et
négligeable, pour arriver à la signification supérieure qu'il renferme ; il étudie la psychologie
de ses personnages, les établit chacun à son
plan, remonte à leur représentation symbolique, s'arrête à leurs ornements, à leurs cos-
tumes, dispose tous les accessoires, dont aucun
n'est indifférent, jusqu'à ce que son sujet se soit
implanté dans son esprit et devant ses yeux,

avec sa haute portée générale entièrement dégagée, sous l'aspect d'une vision définitive qu'il
ne reste plus qu'à fixer. Rien n'est instructif
comme de lire, dans ces papiers voués au silence
mais que l'obligeance de M. Rupp a bien voulu
quelquefois nous communiquer, les notes relatives à la conception des *Filles de Thespius*,
de *Sémélé*, des *Argonautes* ou des *Chimères*,
Moreau s'y explique tout entier.

Tantôt, procédant d'une manière inverse, il
surexcite son imagination par l'appel de tons
dont les assemblages suggestifs éveillent, dans
son cerveau éminemment impressionnable de
créateur, des sensations qui se révèlent immédiatement sous les aspects concrets d'un riche
symbole. Ici donc, c'est la magie de l'art qui
opère, le mystère de la couleur qui agit. Il
suffit, comme on pourra le voir par certaines
pochades en apparence incompréhensibles de son
atelier, de quelques tons fortuitement rappro-
chés sur une palette ou juxtaposés sur un panneau, pour qu'il saisisse, dans ce contraste ou
dans cette harmonie, le sens expressif d'un langage particulier. Il recueille soigneusement ces
notations volontaires ou imprévues, les complé-

tant dans le sentiment qu'elles évoquent, voyant de ses yeux lucides se dégager lentement la forme de son rêve, ainsi que, la nuit, de ces cercles d'or, d'améthyste ou de topaze qui se mêlent et se brouillent dans l'ombre de nos yeux fermés, se dégagent peu à peu les formes d'un songe, éclos sous l'impression qu'ils ont fait naître.

Nous n'avons point voulu étudier ici, en parlant de Gustave Moreau, ni sa formation, ni ses origines, ni sa technique. Mais, puisque nous avons entrepris de caractériser la nature de son idéalisme et d'observer le fonctionnement de son intelligence, il ne sera peut-être pas superflu de l'examiner un instant en face de la nature et devant les maîtres.

Ici, un contraste très intéressant s'impose entre les deux guides qui ont dirigé dans le domaine de l'art la pensée contemporaine.

Issus de l'union des deux grands courants qui se sont disputé l'inspiration du siècle, par l'intermédiaire de cette originale et vraiment séduisante figure de Théodore Chassériau, qui voulut réunir les deux idéals contradictoires

d'Ingres et de Delacroix, Puvis de Chavannes
et Gustave Moreau, marchèrent quelque temps
de concert à la tête d'un petit groupe de grands
penseurs et d'exquis dilettantes tels que Delaunay, Ricard ou Fromentin. Mais ces deux grands
songeurs ne tardèrent pas à se séparer et, bientôt, à ne plus se comprendre, entraînés chacun
par la logique de son tempérament, qui devait
faire de l'un, un décorateur monumental, de
l'autre, un émailleur et un miniaturiste.

Alors, tout en sacrifiant, chacun de son côté,
au grand culte des belles formes et des nobles
idées, ils s'éloignent de plus en plus l'un de l'autre
dans l'expression de leur idéal primitif.

L'un veut persuader par le vraisemblable,
l'autre veut frapper par l'exceptionnel. Puvis
de Chavannes, tout en se tenant dans les hau-
teurs d'une contemplation très élevée, garde
un culte étroit à la nature ; son paysage, si
généralisé qu'il soit, ne perd jamais, dans ses
tableaux d'histoire, son caractère local ; c'est
un des agents les plus actifs de charme et de
persuasion de ses visions les plus irréelles.
Gustave Moreau ne dédaigne pas la nature,
et même, dans d'innombrables études, il lui

témoigne un scrupuleux respect ; mais devant son rêve, il se hâte de l'oublier ; il ne garde de la contemplation des spectacles extérieurs que les résonances qu'ils éveillent en lui.

Lassé du *beau geste* perpétué chez nous par l'exemple des grands décorateurs du xvie siècle, Puvis de Chavannes tente de réagir en remontant aux plus ingénus ; il cherche la justesse de l'attitude, l'exactitude de la mimique, jamais ni forcée, ni à côté, toujours mesurée ; de là son dessin austère, un peu fruste, mais si simplement éloquent. Gustave Moreau, concevant son art comme une écriture symbolique, exactement adaptée à sa pensée, se sert de son dessin comme d'un des termes les plus énergiques de son langage figuré. Dans le geste, il ne cherche guère que la valeur expressive et l'arabesque, et bien qu'il retourne souvent à la nature, elle le gêne tellement, ou du moins, la hantise de son sujet l'obsède à un tel point qu'il la force à entrer dans un étroit corset de lignes dont les courbes, les sinuosités, les arrêts, calculés suivant un rythme musical ou mathématique, ont par eux-mêmes une signification pour son esprit. Tel de ses personnages, comme cette

onduleuse et perfide Salomé, cette « fleur véné-
neuse », est écrit en s'écartant, sans aucun
égard, de la nature, avec l'aspect d'une sorte
d'hiéroglyphe expressif.

Puvis de Chavannes avait un souci permanent,
celui de se dégager entièrement de tous les souvenirs importuns des maîtres, d'échapper à la
persécution de la mémoire qui nous fait les
esclaves de la pensée et de la forme de ceux qui
nous ont précédés. Il en était arrivé à ne plus
oser ouvrir un carton ni examiner une gravure.
Les musées lui faisaient peur. Moreau, au contraire, se plaît dans la fréquentation assidue des
maîtres. Ce n'est point qu'il ait pour eux un respect académique, qu'il veuille se rattacher étroitement à la tradition, qu'il ait même la pensée
de les imiter fidèlement. Certes, il les admirait
de toute son âme enthousiaste, tous ces grands
esprits qui ont à travers les siècles consolé l'humanité et qui font encore son orgueil et sa joie.
Mais il pensait hautement — et ses élèves ne
l'auront pas oublié — qu'ils avaient fait leur
temps et que nous n'avions pas à les recom-
mencer; que, s'ils avaient mérité la gratitude des
hommes, c'est justement parce qu'ils avaient

été le miroir fidèle de leur époque et que nous devions, en cela, faire comme eux. Moreau voulait donc être essentiellement moderne et, comme l'âme contemporaine lui paraissait s'être enrichie de toute la connaissance du passé et de toutes les conquêtes du présent, il cherchait autour de lui tous les éléments qui lui permissent d'en exprimer l'extrême complexité.

Aussi, loin de fuir l'œuvre des maîtres, loin de redouter la persistance de leur souvenir, il faisait appel constamment à cette érudition profonde qui mêlait dans sa pensée les noms des plus beaux Italiens épris de formes et de couleur : le divin Léonard, le fier et âpre Mantegna, l'élégant et hautain Signorelli, et parmi les Vénitiens, ce rare et savoureux Carpaccio qui fit une telle impression sur lui, et Titien avec ses bleus éclatants et ses rouges profonds. Et, en même temps se rencontrent avec eux, dans de singuliers et piquants rapprochements, Albert Dürer et Cranach, et Rembrandt et Poussin, et Delacroix et les Persans et les Indiens et les préraphaélites modernes. Il s'empare résolument de leurs formes, les mêle à son vocabulaire, leur trouve souvent un sens nouveau et inat-

tendu et nous procure cette sensation déconcertante que nous trouvons un certain plaisir à ces
transpositions ; que ces souvenirs, loin de nous
rebuter ou de nous indisposer, nous font l'effet
d'une citation heureuse ou, mieux, de l'application imprévue d'un texte déjà connu et qu'on
n'avait pas suffisamment retourné dans tous les
sens.

On pourrait longtemps continuer ce parallèle
entre ces deux grands visionnaires dont l'un tend
chaque jour à la plus intense impression d'art
par la plus extrême simplicité, tandis que l'autre,
préoccupé d'aller jusqu'aux dernières limites de
la complexité de son rêve, se complique à plaisir chaque jour, accumulant les détails, multi-
pliant les accessoires, exagérant la fantasmago-
rie du décor, pour nous transporter dans le
monde luxuriant et prodigieux de cette pensée
en éruption continuelle.

Sans qu'il soit utile d'insister davantage sur
son tempérament particulier, Gustave Moreau,
nous semble-t-il, a montré qu'il avait très bien
su mener de front le difficile attelage, qu'il employait tous ses efforts à conduire. Son art

logique, équilibré, son idéalisme très élevé, profondément moral, ne procèdent, comme on le voit, ni des sciences occultes, ni d'aucune déliquescence morbide de romantisme. Il appartient bien, comme son émule Puvis de Chavannes, quoique dans un autre sens, par la méthode, par le jugement, par la mesure qui disciplinent constamment les mouvements de son imagination, à la race de Poussin, de La Fontaine et de Descartes. Sans doute il a trop présumé des forces humaines et il a voulu trop embrasser dans l'espace borné de notre courte vie. La plupart de ses plus beaux rêves resteront inachevés. Gagneront-ils, à cet état d'ébauche, le charme d'austère mélancolie qui s'exhale des marbres incomplets du grand Florentin ? — Nous ne pouvons juger encore. Nous possédons, d'ailleurs, heureusement, de quoi connaître ce maître par un ensemble d'œuvres, où le précieux de l'exécution est venu ajouter au merveilleux du songe. Mais, telle qu'elle est, avec ses tentatives inégales, ses essais parfois téméraires et parfois timides, l'incohérence forcée de cet amoncellement surhumain de travaux, la maison de Gustave Moreau est un sanctuaire où l'on viendra

toujours se recueillir avec émotion et respect.
On y entre comme dans l'intérieur d'une âme,
et l'on y reçoit les muettes et longues confidences d'un des esprits les plus noblement
inquiets, les plus gravement anxieux, qui ont
voulu pénétrer au plus profond de notre être et
donner, avec leur génie fait de nos propres
tourments, une forme précise à l'idéal incertain
qui s'agite en nous.

II. SIR EDWARD BURNE-JONES

, Ce n'est guère qu'à partir de 1893 que Sir
Edward Burne-Jones a été connu en France.
Jusque-là son nom, si populaire dans son pays,
n'était arrivé de ce côté du détroit, — et pour
un public assez restreint d'artistes et d'amateurs
— que comme un écho lointain de ce mouvement d'art particulier qui nous intriguait quelque
peu sous son vocable de *préraphaélisme*. Peut-
être bien devait-on même au Salon de la Rose-
Croix cet intérêt de curiosité sympathique,
assez nouveau chez nous, pour ces manifestations d'Outre-Manche. Mais, sûrement, c'est par
l'entremise des poètes anglais, Dante-Gabriel
Rossetti et Algernon-Charles Swinburne, et
grâce à la propagande de leurs adeptes français,
dont le plus célèbre fut Stéphane Mallarmé, que
le préraphaélisme s'insinua dans notre milieu,

près de quarante ans après qu'il s'y était manifesté une première fois, en 1855.

C'est en vain que, à toutes nos expositions universelles, le groupe d'artistes auquel Burne-Jones appartenait, s'était présenté, suivi de ses principaux chefs-d'œuvre. C'est en vain qu'il envoyait lui-même, en 1889, *le Roi Cophetua*, que Puvis de Chavannes n'oublia point, pour lequel Gustave Moreau avait réclamé l'attribution d'une médaille d'honneur. Burne-Jones n'était jusqu'à ce jour, pour nous, qu'un nom sans signification précise.

En 1892, sur l'invitation du président de la Société nationale des Beaux-Arts, il s'était décidé à exposer au Champ-de-Mars une dizaine de ses plus beaux dessins, accompagnés d'un cadre de lettres ornées pour le manuscrit de Virgile, qu'il entreprenait d'illustrer en collaboration avec William Morris et Fairfax Murray. Ces délicats ouvrages apportaient dans nos Salons un charme plein de candeur un peu maniérée et de nouveauté ; ils passèrent pour ainsi dire inaperçus. Grâce à la bienveillante générosité du maître, le Luxembourg, qui attendait mieux encore de sa bonne volonté, dont les effets furent interrompus par la mort, a hérité, du moins, de trois de ces études ; elles gardent son souvenir dans notre petite collection étrangère[1]. En 1893, sur les instances de quelques amis français, il se décida à se faire connaître à Paris par certains de ses tableaux, qui venaient de lui acquérir, à son exposition récente de la New Gallery, un succès général et enthousiaste.

Nous étions ouverts aux courants britanniques. Cet enthousiasme fut partagé chez nous. On découvrit tout d'un coup la peinture anglaise et Burne-Jones fut sacré grand peintre. Hélas ! cet engouement immodéré ne dura pas longtemps.

Dès que fut éventé son premier attrait de saveur exotique, cette peinture, qui reparut encore pendant deux Salons, ne nous frappa plus que par les côtés par où elle différait essentiellement de nos habitudes pittoresques. On se montra bientôt sévère envers elle et on oublia Burne-Jones aussi rapidement qu'on l'avait acclamé.

1. Cette lacune a été comblée par la donation faite au musée du Luxembourg par M. et Mme Edmund Davis, qui comprend, avec un nouveau dessin, une peinture de Burne-Jones, *la fille du Roi*.

Il est très fâcheux qu'on n'ait pas eu l'occasion à Paris, de le juger, à l'heure qui semblait la plus propice pour l'étude attentive de son œuvre, par un ensemble plus varié et plus significatif. On aurait sûrement montré à son égard moins de légèreté et moins d'injustice et l'on eût appris à l'aimer comme un esprit hautement désintéressé, vraiment épris de beaux rêves et de nobles images.

*
* *

Ce qui caractérise spécialement le talent de Burne-Jones, c'est que sa personnalité artistique est formée à la fois d'un poète et d'un décorateur. Tous deux sont si étroitement mêlés qu'il est difficile de les disjoindre, c'est-à-dire que lorsqu'il semble exclusivement obsédé par ses sujets les plus émouvants, il ne peut s'empêcher de se laisser aller inconsciemment au caprice ingénieux de son esprit inventif et que, par contre, dans les moindres travaux d'ornement où son ami William Morris l'entraîne en son apostolat pour la propagande du beau à travers toutes les formes de la vie, il poursuit doucement, sans s'éveiller, le fil d'or de son rêve enchanté.

Cependant la balance n'est pas constamment égale dans l'équilibre de ces deux facultés directrices. C'est ainsi que la première partie de son œuvre est plus fortement imprégnée d'une chaude coloration poétique, tandis que la deuxième, qui embrasse la plus grande étendue du cours de sa vie, est de plus en plus absorbée chaque jour par des préoccupations d'élégances décoratives.

On sait aujourd'hui chez nous, grâce à la série d'études instructives qui sont nées de ce tardif retour de faveur pour l'art anglais dans notre pays, ce que c'est exactement que le groupe des frères préraphaélites. On sait ce qu'était le préraphaélisme de Rossetti, sorte de romantisme très ardent, qui se rattachait bien plus aux grands Italiens du commencement du xvie siècle et notamment aux Vénitiens, qu'aux précurseurs de Raphaël. On sait aussi ce que fut Burne-Jones à Rossetti. Elève de l'Université d'Oxford, destiné à l'état ecclésiastique, il se sentit une vocation irrésistible à l'apparition des premiers ouvrages de Rossetti qui enthousiasmait l'élite de la jeunesse autant comme peintre que comme poète. Il entra chez lui avec une admiration sans

bornes et marcha résolument dans la voie qu'il
trouva tracée, au point qu'à ce moment on
peut confondre certains ouvrages du maître et
de l'élève.

Le caractère de cette première partie de son
œuvre est donc qu'elle est conçue sous une
inspiration très romantique. « La plus noble
peinture est un poème peint, » disait Rossetti,
et il considérait, écrit M. Comyns Carr [1], qu'il
n'y avait pas dans l'histoire de l'art un peintre
plus richement doué de ces hautes qualités que
Burne-Jones. Il a certainement montré alors, à
l'exemple de son maître, une faculté expressive
de sentiment qu'on ne pourra dépasser.

Dès ce moment, il vit dans la fréquentation
assidue des conteurs et des poètes, ceux d'aujourd'hui et ceux d'autrefois : Rossetti, son
maître, et Morris, son ami, Allingham et Ten-
nyson, puis Chaucer et Spenser et, pour remonter plus haut encore, vers les sources qui les
inspirèrent eux-mêmes, les vieux bardes bre-
tons, les troubadours et les jongleurs, créateurs
de ce peuple de héros surhumains et fantas-

1. Préface de l'exposition de sir Edward Burne-Jones, à la
New-Gallery.

tiques, auxquels s'attacha étroitement l'imagination naïve et exaltée des foules, avide de grossissement et de merveilleux, comme les enfants, et inlassable comme eux devant l'éternelle répétition de ces exploits démesurés.

Au début, ce sont souvent de simples rêves extatiques, mystiques adorations de religiosité ou d'amour. Tantôt, des *Annonciations*, où il essaye, à l'imitation de Rossetti, d'exprimer à nouveau l'émotion d'attente mystérieuse, d'angoisse divine et de soumission résignée qui trouble cette pure et chaste figure de femme, dont s'était épris, à son tour, ce protestant d'Angleterre après les primitifs Florentins; tantôt d'ardentes scènes d'amour, pleines de passion contenue, de chaleur méridionale, de sensualisme catholique et païen : de jeunes femmes qui songent longuement en baignant leurs pieds dans l'eau ; d'interminables baisers dans la solitude d'un parc, à l'heure triste où le soleil se couche ; de jeunes beautés, devisant et lisant, qui sont assises sur la verdure d'une prairie, au bord d'un étang, en leurs robes vertes, sur le fond vert de la forêt, dans une sorte de

paradis vert intense et frais ; des amants jouant
aux échecs sur la terrasse d'un jardin, sous une
lumière singulière, en un paysage singulier,
d'une mélancolie aiguë et douce, qui éveille
dans la pensée d'inexprimables nostalgies.

Aux poètes, aux conteurs, il emprunte, pour
leur donner une nouvelle vie, ces figures obsé-
dantes de femmes qui poursuivent l'imagination : les unes tendres, inquiètes et songeuses,
à la bouche charnue et voluptueuse, aux yeux
bleu pâle un peu humides : les autres, à la
lourde chevelure de vieil or ou d'ébène, une
rose sur l'oreille, l'œil sombre et fatal, qui
s'avancent avec une allure hautaine, mystérieuse
et tragique. C'est le délicieux visage de femme
qu'il appelle l'*Espérance*, et *Cendrillon*, et *Viridis
de Milan*, et la procession des *Good Women*, et
Fatima, et surtout ces deux inséparables petites
figures de *Clara* et de *Sidonia von Bork* qui,
bien qu'appartenant aux premiers jours mêmes
de ses débuts, sont de celles que, pour leur
force expressive de sentiment et de coloration,
les artistes n'oublieront pas.

Tous ces personnages passent, silencieuse-
ment éloquents, dans un monde irréel et pour-

tant deviné ou reconnu, entrevu déjà à travers Rossetti, chez Titien et surtout chez Giorgione, une sorte de Décaméron ardent et passionné, langoureux et triste ; une Venise des rêves romantiques comme celle où Musset écrivait ses comédies ironiques et douloureuses, mais ici sans trace d'humour ni de fantaisie, sans échos carnavalesques, un monde embrasé par une fièvre de passion sourde et profonde, dramatique et fatale, une Venise shakespearienne et byronienne, où flottent, sur la cité, de lourds et chauds effluves d'amour.

C'est à cette heure que de courtes lignes de légendes donnent le jour à la création la plus émouvante de cette première période (1863), qui restera comme un des principaux chefs-d'œuvre du maître : le *Chevalier miséricordieux*, agenouillé devant l'image du Christ qui se penche pour le baiser au front.

C'est, à peine quelques années plus tard, que le conte de la *Belle au Bois dormant* lui suggère l'idée de cette petite série de la *Briar Rose* où, affranchi doucement des souvenirs de son premier maître, il déploie tout le caprice de son imagination et de sa fantaisie pour suivre,

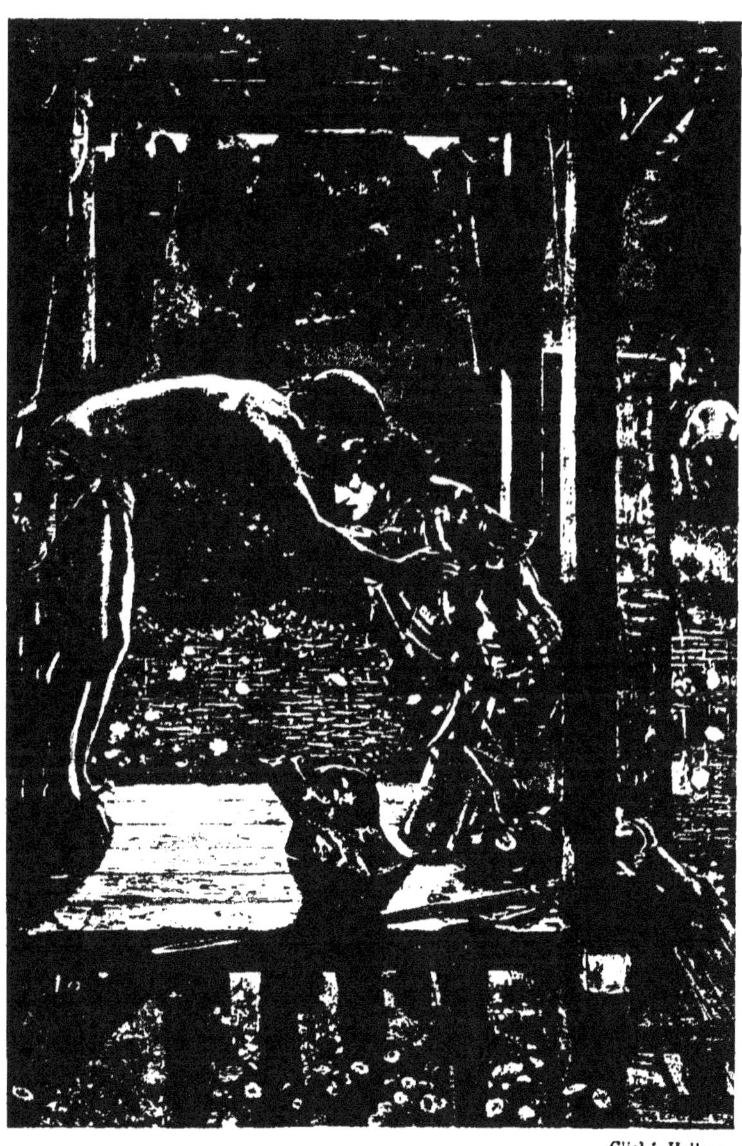

SIR EDWARD BURNE-JONES. — Le Chevalier miséricordieux.

avec une émotion attendrie et discrète, les divers
actes de cette délicieuse féerie.

Vaillants et courtois chevaliers, princesses
enchantées, cours galantes, magiciens perfides
charmés par de bonnes fées, ne sont-ce point les
fables de nos aïeux, les récits merveilleux de
notre enfance? C'est le réveil de la légende et
des romans de chevalerie, la résurrection des
Renaud et des Amadis, des Lancelot et des
Roland, des Tristan et des Parceval, et de tous
ces autres beaux paladins, courant le monde au
nom du Christ ou bataillant pour l'honneur de
leurs dames, compagnons de Charlemagne ou
d'Arthur, que Cervantès croyait si bien avoir
occis avec la lance de don Quichotte et qui se
sont échappés, tandis que le pauvre chevalier
de la Triste Figure se battait contre les moulins.

Tous ces illustres héros d'incroyables épo-
pées, qui semblent revenir en conquérants dans
notre art, n'étaient, d'ailleurs, endormis que
d'un sommeil intermittent pendant ces quelques
siècles. A diverses reprises, ils étaient venus
raviver notre inspiration. Au xvi⁰ siècle, en
passant sournoisement, à la suite de l'Arioste
et du Tasse, dans notre théâtre, nos ballets et

nos opéras, ils se glissèrent dans la peinture où ils firent vis-à-vis aux héros et aux demi-dieux de l'antiquité.

Vers la fin du xviii⁰ siècle, la publication des fabliaux de Legrand d'Aussy, aidée par l'exaltation contemplative qu'avait créée le naturalisme de Jean-Jacques Rousseau, occasionna une petite reprise, éclosion précoce de romantisme, arrêtée par la Révolution. Plus tard, ce courant populaire se développa, à la suite du grand mouvement des études historiques et philologiques, et aussi, peut-être, en raison d'un certain accès de particularisme national qui porta les peuples à se tourner vers leurs origines. Il s'est répandu plus activement chez nous, en nous revenant par l'Allemagne, où il serait oiseux de rappeler l'action du wagnérisme en faveur du réveil des vieilles légendes germaniques ou celtiques, dont il faisait saillir, avec une singulière énergie, le caractère représentatif et symbolique.

En Angleterre, le même intérêt de curiosité pour les vieilles légendes n'avait cessé de se montrer aux différentes époques de l'histoire littéraire, par l'intermédiaire des conteurs et des poètes italiens qu'on imitait. Mais les études de folk-lore, nées dans ce pays et très développées depuis cent ans, l'excitèrent d'une façon plus vive et, lorsque apparurent les préraphaélites, avec l'ambition de créer en art une réaction poétique, ils trouvèrent dans la littérature des éléments d'inspiration tout prêts à être recueillis. Ne demeuraient-ils point d'ailleurs, eux aussi, en contact perpétuel avec ces maîtres italiens du xiv° et du xv° siècles, contemporains des conteurs ou des chantres immortels du *Décaméron*, de l'*Orlando* ou de la *Jérusalem délivrée*, ces combattants qui choisissaient comme sujet, pour entrer en lice, un poème de Keats, emprunté à un conte de Boccace, et parmi eux, le fils de ce proscrit italien qui vivait en communion intime et constante avec les exquis ou terribles songeurs de sa première patrie ?

Burne-Jones, imprégné de bonne heure de toute cette littérature, vécut toute sa vie à peu près sur le même fonds, ne se lassant pas plus que les enfants et que les foules de se répéter les mêmes histoires.

Le charme de la légende, c'est qu'elle crée un monde imaginaire au gré de nos désirs secrets ;

c'est qu'elle réalise en arrière, dans le lointain
recul d'un passé indéterminé, toutes les chimères éternelles dont se repaît l'âme humaine.
Burne-Jones s'est, toute sa vie, égaré comme
un somnambule, dans ce qu'il appelait « un beau
rêve romantique de choses qui n'ont jamais été
et qui ne seront jamais, en un pays qu'on ne
peut définir, dont on ne se souvient pas et qu'on
a seulement désiré ».

De tous ces fabliaux, de tous ces romans, de
toutes ces histoires de la Bibliothèque bleue,
c'est le grand cycle breton du roi Arthur qui a
eu le don de le charmer chaque jour. Comme
l'honnête hidalgo de la Manche, il se délecte
de ces merveilleuses et extravagantes aventures
pour lesquelles il montre un goût dont il se
raille finement lui-même, avec l'humour et la
gaîté du vieux Cervantès, dans les dessins qu'il
traçait, le soir, sur l'album de sa petite fille,
ouvrant de grands yeux effrayés ou amusés
devant les *Horreurs de la montagne* ou les *Plaisirs de la plaine*, les *Sept merveilles du monde*,
l'*Ecole des petits dragons*, etc.

Il faut à tout Anglais, à toute heure, en tout
lieu, une Bible. Les romans de la Table Ronde

furent la bible de Burne-Jones. C'est le premier livre, dans lequel, avec Rossetti pour guide, il avait appris à lire et celui qui resta ouvert à son chevet jusqu'au dernier jour. *Alys la belle pèlerine*, le *Mariage de Tristan*, la *Folie de Tristan*, *Merlin et Nimue*, la *Queste du Graal*. *Sir Galahad*, l'*Enchantement, de Merlin*, toutes les aventures, tous les personnages de cette épopée, ou mieux, de cette féerie batailleuse et galante se relient à travers les autres sujets empruntés aux légendes germaniques, aux fabliaux français, aux souvenirs antiques, les entraînant dans une longue théorie qui va de la *Mort d'Arthur*, à laquelle il collaborait avec Rossetti, en 1858 (au cercle de l'Union Club d'Oxford) à *Arthur à Avalon*, sa dernière toile restée inachevée.

Un grand esprit légendaire plane donc sur son œuvre. Plus tard, dans son plein développement, lorsque l'étude du nu et de l'allégorie l'entraîne vers l'antiquité, il ne peut s'empêcher de la travestir entièrement avec un caractère de légende septentrionale. Les aventures de Persée et d'Orphée se déroulent, sans souci de leurs aspects mythiques, de leur signification symbolique, comme dans les cartons doux et tranquilles d'une sorte de tapisserie, ainsi que les aventures d'Alexandre, d'Enée ou de Jules César dans ces romans épiques des xiie et xiiie siècles ou que celles de Thésée, duc d'Athènes, dans Boccace ; les histoires touchantes de *Pygmalion* et de *Psyché* prennent des airs de contes de fées comme la *Belle au Bois dormant*, et c'est même ce qui leur conserve un certain charme de songerie voilée.

Dans cette même période déjà avancée, quand il semble avoir perdu, par la recherche du style et de qualités académiques, ses premières vertus de coloris chaud et persuasif, c'est un vieux refrain breton, ce sont quelques vers d'une vieille ballade qui donnent encore à Burne-Jones cet élan généreux, cette flamme contenue pour créer le *Chant d'amour*, éclatant et doux comme uu ancien vitrail, sonore et chantant comme une musique et son œuvre la plus accomplie : le *Roi Cophetua et la petite Mendiante*, ces deux êtres qui se contemplent, muets et éloquents, l'un embrasé d'une invincible passion, l'autre souriante et sans surprise dans le rayonnement de sa beauté qui illumine ses haillons, au milieu d'une atmosphère d'adoration, exprimée si magnifiquement par l'accompagnement d'une harmonie mordorée, riche et profonde.

A ce goût tout particulier pour la légende bretonne se mêlait, du moins au début, un sentiment d'un autre ordre, un souci plus large, le désir de renouveler l'inspiration de l'École en puisant dans les richesses du fonds populaire, de constituer un art plus moderne, plus proche du peuple, de créer, sinon un art national proprement dit, du moins un art fondé sur des traditions ethniques. Cette préoccupation s'associait, naturellement, au sentiment d'esprit combatif de la petite secte révolutionnaire et aussi aux ambitions plus hautes manifestées par le grand apôtre du préraphaélisme, John Ruskin, et son missionnaire infatigable, William Morris, qui avaient tous deux conçu pour l'art un vaste rôle de mission sociale.

Pour nous autres, Français, qui avons vu naître et grandir cet art fortement démocratique, qui a essayé de fixer la mystique contemplation que rumine l'âme pensive du paysan ou les aspirations de fraternité universelle qui sillonnent

d'un brusque éclair le cerveau de l'ouvrier, nous
qui avons vu surgir et monter à l'horizon de
notre vie cette grande âme sympathique et
humaine de Millet et pousser, en une floraison
touffue et vivace, l'âpre et forte végétation de
l'œuvre réaliste de Courbet, nous avons peine
à nous figurer que cet art fermé, distingué,
d'une morbidesse élégante, éminemment aristocratique, pour ne pas dire même un peu mon-
dain, pût porter en lui une révolution qui lui
ouvrît le cœur de la foule. Il est vrai, cependant,
que tel fut le rêve qui hanta J. Ruskin et que
W. Morris, avec la collaboration de Burne-
Jones, essaya de réaliser.

C'est de l'atelier de Rossetti que les deux
anciens condisciples d'Exeter College commencèrent cette étroite collaboration où Morris
revêtant, comme Protée, toutes sortes de
formes, se faisait tour à tour peintre-verrier,
tapissier, architecte, ébéniste, imprimeur sur
étoffes, éditeur de livres, fondeur de caractères,
fabricant de papiers peints, aspirant à boule-
verser et à renouveler l'art de la maison par
l'application des lois rigoureuses d'une logique
esthétique et à appeler en même temps tous les

citoyens aux jouissances élevées exclusivement
réservées aux riches. Burne-Jones fut l'infatigable décorateur de la maison *Morris and C°*.

Verrières pour les églises de Birmingham,
d'Edimbourg ou d'Oxford, mosaïques pour l'église
américaine de Rome, tapisseries, enluminures,
dessins typographiques, carreaux de faïence,
dessus de pianos, panneaux de coffrets, Burne-
Jones suivit Morris dans tous les arts, à l'imitation de ces quattrocentisti florentins qu'ils
avaient pris pour modèles et vers lesquels le
portait souvent son rêve.

« Si je pouvais remonter dans le passé,
écrit-il vers l'âge de quarante ans à M. Comyns
Carr, dans une petite note autobiographique, le
désir de mon cœur serait de vivre à Florence,
au temps de Botticelli. »

Un des privilèges de l'art, c'est qu'on y peut
adopter son père. Après avoir hésité quelque
temps pour Giorgione, Burne-Jones adopta
Botticelli. Il se créa, à la vérité, toute une
famille d'ancêtres qu'il avait appris à connaître,
en 1862, en voyageant en Italie avec Ruskin.
Après les Vénitiens, qu'il avait d'abord exclusivement aimés à travers la vision de son maître,

les Ombriens, les Padouans, les Florentins le troublèrent simultanément. C'est alors que, insensiblement, sous ces nouveaux règnes, il se modifie, il se détache de son passé et se développe de plus en plus, au détriment de ses anciennes facultés de lyrisme concentré et fortement expressif, dans le sens de cette formule, plus exclusivement préoccupée de l'écriture que de la pensée, des rythmes décoratifs que de l'intérêt poétique, qui est devenue sa manière la plus populaire.

Sans doute, à ce moment, son inspiration devient-elle plus variée; il étend, nous l'avons vu, le cercle de sa compréhension légendaire jusqu'aux héros de l'antiquité et il doit à ce mélange, d'un dilettantisme très raffiné, de paganisme et d'esprit chevaleresque, quelques beaux morceaux comme cette tragique *Circé*, dans sa robe d'or bruni, préparant ses incantations, ou cette charmante et poétique composition de *Laus Veneris*, sorte de rêverie giorgionesque, dont la conception appartient à ses premières années, qui exhale, comme le *Chant d'amour*, en son harmonie très sonore, une fleur de volupté mystique.

Mais ses nouveaux guides l'entraînent à leur
suite sur les chemins périlleux de la terre classique. Avec Botticelli, Pérugin, Mantegna et
Michel-Ange, il s'aventure chaque jour plus
loin sur ces rochers glissants où il perd pied
quelquefois. Il est hanté par l'idée fixe du style,
l'obsession du grand art, le désir d'aborder les
sujets généraux. Ce qui domine alors dans son
inspiration, ce sont les sujets allégoriques, les
abstractions décoratives. Au début, il comprend
ces allégories, empruntées d'ailleurs le plus souvent à la *Mascarade de l'Amour* de Spenser ou
au *Roman de la Rose*, comme de véritables
« moralités ». Puis il s'adresse aux vieux motifs
d'école, aux abstractions latines : la *Justice*, la
Tempérance, la *Foi*, la *Charité*, qui font des
pendants indifférents à l'*Aurore* et au *Crépuscule*,
à l'*Été* et à l'*Hiver*, à l'*Automne* et au *Prin-
temps*. Pourtant, il est vrai, à cette même heure,
avec une préciosité très délicate, un esprit de
fine invention d'où se dégage le charme d'une
subtile poésie, il imagine l'*Escalier d'or* et,
prenant pour thème le nom glorieux d'une petite
fleurette bleu d'outremer, qui s'ouvre au bord
des eaux, il crée cette gracieuse allégorie du

Miroir de Vénus, qui réunit autour d'une flaque d'eau claire la déesse et ses suivantes dans un paysage péruginesque.

Parfois, aussi, il atteint une certaine éloquence, avec des compositions symboliques graves et même austères, où le souvenir de Michel-Ange le soutient et lui donne quelque souffle. La *Roue de la Fortune*, le *Char de l'Amour* (resté inachevé), les *Profondeurs de la mer*, qui le firent connaître à Paris en 1893, dans leur arrangement très sobre, leur camaïeu en deux tons, leur volonté de rester dans le sujet, gardent une réelle force expressive. Mais bientôt, dans l'*Amour dans les ruines*, dont le sentimentalisme facile et convenu devait assurer le succès, et, bien plus, dans le *Pèlerin et l'Amour*, la dureté du ton, la raideur du dessin, le manque d'atmosphère réelle et surtout d'atmosphère morale, la disproportion entre l'intérêt qu'il accorde, dans sa manie décorative, aux témoins inanimés et celui que lui inspirent les vrais auteurs de la scène, font perdre à ces images toute la hauteur de leur signification. Comparez avec l'*Amour et la Vie*, l'*Amour et la Mort* de Watts et vous sentirez toute la diffé-

rence qui sépare le lyrisme véhément de ce
moraliste viril, convaincu et résolu, et le dilettantisme délicat et savant de ce grand enlumi-
neur, qui savoure les petites combinaisons de
son décor et de ses accessoires.

Car l'ingéniosité, c'est maintenant son charme
et son travers. Tout subit désormais l'influence
de cette préoccupation exclusive de l'arrangement décoratif. Comme Merlin enchanté par
Viviane, il est possédé par le décor.

Ce n'est pas que Burne-Jones n'ait eu, à certains moments, la velléité de se renouveler et de
s'étendre en s'adressant à la nature, mais il n'a
jamais pensé à la chercher directement; il l'a
toujours vue à travers les maîtres. Cela semble
étrange si l'on considère que le grand mot
d'ordre qui avait groupé les premiers préra-
phaélistes autour de leur précurseur et de leur
apôtre, Ruskin, avait été justement la soumission étroite, fidèle, exclusive à la nature et que
l'on peut définir le préraphaélisme comme le
résultat d'une association, telle qu'il s'en pro-
duisit en Toscane, au xve siècle, entre le naturalisme le plus aigu et l'esprit poétique le plus
exalté. Mais Rossetti échappa toujours aux

influences de son milieu pour rester franchement un poète, uniquement préoccupé de son rêve. Burne-Jones le suivit exactement dans sa voie. « Il m'avait dit de me laisser aller à mon imagination sans crainte », écrit-il et il ajoute, avec sa finesse habituelle : « Cela me fut bon et cela me fut mauvais ». Et par là, sans doute, entendait-il manifester le regret de n'avoir pas assez regardé au-dehors, autour de lui.

Quand il abandonne les grands fonds vénitiens de forêt montante, qui font des repoussoirs si harmoniques à ses personnages, cette forêt touffue de Brocéliande, fermant la vue, cachant le ciel, dont il comprend si bien les mystérieuses profondeurs, c'est pour ouvrir des horizons de paysages ombriens aux arbres grêles, aux petites collines ondulées, au ciel teinté de dégradations pâles.

Il avait bien, au début, une sorte de sens instinctif des harmonies naturelles, des relations des figures avec le fond, du mystère de l'enveloppe. Il perd trop tôt cette compréhension des grands spectacles universels et, aux époques où il s'attache à une vérité plus littérale, il se contente le plus souvent d'associer la nature à son œuvre par ses côtés les plus petits. Il s'amusera ici à emmêler les inextricables lianes d'une ronce, là à faire papilloter les mille petites flammes roses des aubépines, comme dans ce tableau de l'*Enchantement de Merlin;* car cette griserie du décor l'envahit même dans ses sujets de prédilection, et il lui sacrifie ici encore la chaude éloquence de ses premières colorations généreuses, l'intensité expressive de ses physionomies.

Entre les deux extrêmes limites de sa carrière artistique son art a changé du tout au tout. Au début, il ne voit que son sujet; il va jusqu'au bout de ses moyens, sans hésitation, sans timidité pour exprimer fortement la pensée qui l'obsède. Il n'oublie point ce précepte que lui avait tant de fois répété son maître : «qu'il ne faut jamais se laisser arrêter dans l'expression de son rêve par les difficultés de l'exécution». Il crée ainsi un art tendu, intense, profond et expressif, qui ajoute cependant un charme attendri de colorations plus musicales à l'âpreté maladive et inquiète de Rossetti.

Puis, après une période transitionnelle très étendue et insensiblement dégradée, pendant laquelle s'épanouissent ses œuvres pour ainsi dire classiques, il poursuit une longue carrière d'un art conventionnel, fortement teinté d'académisme, pénible, gauche et embarrassé dans le dessin, se refroidissant et s'appauvrissant dans les colorations ; c'est toujours d'une science d'arrangement et d'arabesque, d'une ingéniosité d'invention tout à fait rares, d'un dilettantisme maniéré, d'une élégance aristocratique, qui, souvent, ne sont pas dépourvues d'un vrai charme poétique, mais cela manque toujours un peu d'humanité et de vie.

*
* *

Burne-Jones, comme ses autres confrères préraphaélites, aura-t-il, dans ce milieu britannique qui a toujours vécu d'apports continentaux, établi les bases solides d'un véritable art national, d'un art qui dépassera le milieu aristocratique dans lequel il s'est formé, pour aller, plus près du cœur et de l'esprit des foules, remplacer, par de nobles images et de hauts enseignements, le genre imbécile, le sujet banal et l'anecdote vulgaire dont elles font leur pain quotidien? Burne-Jones et Morris, dans leur louable tentative, démocratique et sociale, d'élever le niveau moral du peuple par l'expansion universelle de l'art sur toutes les manifestations de la vie domestique, auront-ils jeté les germes féconds d'un mouvement décoratif vraiment populaire qui puisse régénérer les industries? Devant les résultats laissés par l'activité de leur existence, certes, bien remplie, au lendemain de leur mort, on est obligé de constater que leurs premières ambitions, si elles ne s'étaient d'elles-mêmes singulièrement restreintes le long de la route, seraient aujourd'hui fortement déçues. Tout au plus ont-ils apporté un stimulant momentané à l'activité de quelques chercheurs.

Tout ce mouvement est donc resté très artificiel et n'est pas sorti du cercle aristocratique au milieu duquel il est né et qui était seul, par son éducation, à même de le comprendre. Mais qu'importe! ce qui est mieux, Burne-Jones a laissé un rêve vivant d'où se dégage, par une action d'une portée tout autre, une morale aussi consolante et aussi humaine.

C'est dans ses compositions allégoriques, d'un esprit inventif très ingénieux et peut-être même trop subtil, qu'il a cru donner ses plus hautes leçons. A la vérité, elles ne nous intéressent, la plupart du temps, que comme de grands rébus, séduisants seulement par leur charme décoratif. Il n'a ni l'esprit des mythes ni le sens des symboles. C'est un rêveur, qui n'a de plaisir qu'à rêver.

Mais, dans le rêve permanent de ce monde imaginaire au milieu duquel il marche tout éveillé, Burne-Jones a donné la plus haute expression de sa conception de la vie morale. Au début, dans toute l'ardeur de sa jeunesse, il se plonge sans réfléchir dans une chaude et sensuelle émanation d'amour. Peu à peu, cependant, dans la fréquentation de ces héros familiers dont il suit les entreprises téméraires et chimériques contre lesquelles se dressent d'éternels obstacles, de perpétuelles embûches, se dégage pour lui et pour nous, d'une façon de plus en plus distincte, dans l'atmosphère d'humanité supérieure où ils se meuvent, un sentiment d'aspiration profonde vers l'idéal à accomplir.

Ici, *Saint Georges*, vainqueur du dragon pour sauver la princesse de Cappadoce, *Persée* venant

au secours d'Andromède enchaînée, le chevalier
rompant tous les maléfices et les enchantements
pour délivrer la belle endormie expriment,
comme Hercule ou Thésée dans le symbolisme
de Gustave Moreau, l'effort désintéressé, l'esprit
de dévouement, de sacrifice, de natures supérieures et bienfaisantes ne discutant pas les
ordres impérieux de la conscience.

Ailleurs, les Chevaliers de la Table Ronde
dispersés « *En queste du Graal* » semblent pour-
suivre l'idéal insaisissable : de même Orphée, à
la recherche d'Eurydice, la perdant à tout
jamais lorsque, près de l'atteindre, il se retourne
pour la voir.

Le *Chevalier miséricordieux* nous parle de
l'oubli des offenses, le *Roi Cophetua* assis,
devant l'humble mendiante, son épée entre ses
jambes, sa couronne inutile entre ses mains,
nous dit, avec l'accent d'un verset du *Cantique
des Cantiques*, combien les pauvres grandeurs
de ce monde sont peu de chose à côté de
l'amour.

Et, de partout, de tout son œuvre, c'est un
hymne perpétuel, unanime, à l'Amour et à la
Beauté. Du commencement à la fin, c'est un hom-

mage incessant envers la Femme. Amoureuse et passionnée au début, plus tard chaste, souriante, d'une mélancolie un peu mièvre, d'une réserve un peu maniérée, la femme est reine de ce monde sur lequel, suivant une conception, certes, moins pessimiste que celle de son confrère de France, elle répand le rayonnement bienfaisant de sa grâce et de sa bonté.

Le cœur des poètes et des artistes ira sans doute plus volontiers vers ses premières images. Tel qu'il est, néanmoins, avec son charme et ses défauts, ses entraînements poétiques et ses excès d'exécutant et de virtuose, à toutes les périodes de sa vie, l'art de Burne-Jones est un art très volontaire et très personnel.

Art d'imagination dans la pensée ou dans l'écriture, art de rêve ou art de décor, quel qu'il soit, nous pouvons protester, avec les habitudes de notre éducation plastique contre ses insuffisances, ses partis pris et ses lacunes, nous pouvons résister en vertu des principes de notre esthétique, réclamer au nom de la nature et de la vérité. Dès que nous nous approchons, cependant, de ces êtres mystérieux et tendres, nous sommes vaincus, à notre tour, par les sor-

tilèges de ce magicien ; nous sommes prison-
niers, nous aussi, de cette forêt enchantée dont
les fleurs de pâle églantine nous enlacent à
notre insu et nous nous laissons bercer au charme
insinuant de ces légendes, contées si doucement,
à mi-voix, d'un ton un peu monotone, dont le
rythme, égal comme une longue mélopée, nous
endort dans le mensonge divin d'un monde
supérieur où tout n'est qu'amour, qu'héroïsme
et que beauté.

III. L'IDÉALISME EN FRANCE ET EN ANGLETERRE

Et maintenant quelle conclusion se dégage du rapprochement de ces deux grandes figures de Gustave Moreau et de Burne-Jones ? Quelle moralité oserions-nous en tirer ?

Elles nous apparaissent bien, chacune dans son pays respectif, comme des génies exceptionnels dans lesquels leurs contemporains ont cru trouver l'expression la plus exacte des aspirations secrètes de leur âme. Quelle que soit, en effet, la clairvoyance de notre esprit critique qui ne se dissimule ni leurs exagérations ni leurs défauts, ils nous attirent et nous retiennent tous deux par la haute portée de leur esprit, l'étendue de leurs idées générales, leur profonde culture, leur personnalité volontaire et tenace, l'union de leur intelligence et de leur imagination, l'unité de leur conception artistique, l'harmonie admirable de leur œuvre et de leur vie.

Tous deux, échappant à l'étroite contingence des faits, se dégageant librement de la réalité, ont créé un monde imaginaire d'humanité surnaturelle par lequel ils affirment sous des formes diverses un même idéal de splendeur morale.

L'un, dans une sorte de culte anthropomorphique, célèbre les hautes vertus de l'espèce sous cette forme antique de l'*héroïsme* qui semble résumer tout ce qu'il y a de divin dans l'humanité ; l'autre accuse certains caractères humains à travers un grossissement merveilleux, sous cet aspect de l'esprit chevaleresque qui montre l'âme des temps modernes dans un état particulier d'exaltation. L'un est plus près de l'esprit antique, l'autre plus soumis à l'influence de l'esprit chrétien. Le premier est un philosophe, hanté par le besoin de traduire, au moyen de mythes, de symboles, avec l'appareil d'un langage extraordinairement riche et expressif, toutes les modalités de sa conception du monde intérieur. L'autre est un rêveur et un poète, un contemplateur doux et tranquille, qui se laisse enivrer dans la molle griserie de ses images des légendes au milieu du monde familier de ses fictions aimées. G. Moreau est donc une hautaine et virile intelligence en perpétuel enfantement, repliée sur elle-même et dédaigneuse des suffrages d'autrui; son art est essentiellement un art d'idées. Burne-Jones est une âme charmante et songeuse, à demi égarée dans son extase tendre et sereine, à demi animée de certaines coquetteries à l'égard de ses admirateurs; son art est surtout un art de sentiment et de goût.

Dans l'expression de leur idéal, l'un procède par accumulation, l'autre par simplification. Plus il avance dans la vie, plus Moreau s'exagère, si l'on peut dire, exaspérant ses harmonies, enrichissant ses colorations de tons nouveaux, sonores et vibrants, stridents et aigus : des violets, des verts, des roses, des lilas, qui peu à peu s'ajoute à la gamme des bleus et des rouges vénitiens qui jadis formaient la dominante de sa palette. Burne-Jones, au contraire, s'apaise et se refroidit à mesure qu'il se développe; il perd insensiblement les chaleurs giorgionesques de ses premiers temps, ces bleus et ces rouges, qu'il affectionnait, lui aussi, profonds et veloutés, dans l'enveloppe générale.

L'un est une nature fortement synthétique; l'autre plutôt un esprit narratif. Tandis que chaque œuvre de G. Moreau, quelle que soit la catégorie où on la prenne, présente une absolue unité, portant en elle-même tout son enseignement esthétique et moral, Burne-Jones, lui, se plaît à développer longuement les diverses péripéties de ses sujets en diptyques, triptyques, compositions de quatre ou six panneaux, ou mêmes séries de toiles, comme ces cycles de *saint Georges*, de *Pygmalion* ou de *Persée* qui s'étendent souvent davantage. Parfois, même, tels que les maîtres d'autrefois, il se plaît à placer comme un second tableau incident au fond de sa composition.

Tous deux, également, par leur nature exceptionnelle, sont destinés à former un art exclusif et sans lignée. Ils ne devraient point avoir d'élèves. Burne-Jones n'en aura, pour ainsi dire, point laissé. A la suite de son presque contemporain, Walter Crane, rien ne restera plus de cet art qui eût voulu constituer le premier chaînon d'une nouvelle tradition britannique, que les pâles élucubrations, à peine remarquées, bientôt oubliées, de quelques derniers imitateurs. Quant à G. Moreau, de quel œil verrait-il aujourd'hui la dispersion de ses meilleurs disciples, à peu près tous entraînés dans la contemplation de la vie de leur temps? Le plus bel hommage qu'ils aient pu rendre, cependant, à son enseignement, c'est de ne pas s'obstiner à continuer une œuvre qu'il était seul à pouvoir enfanter comme il était seul à pouvoir la concevoir. On l'a bien vu, il y a quelques années, lorsque partit de son atelier tout un petit renouveau romantique qui voulait perpétuer les traditions du maître. Les plus intelligents n'aboutirent guère qu'à réaliser des sortes de pastiches moroses qui commencèrent à porter préjudice, comme toutes les parodies, à l'œuvre de Moreau lui-même, encore à peu près inconnu.

Ce qu'il faut savoir recueillir précieusement chez ces maîtres, c'est leur esprit même, leur méthode réfléchie, leur forte discipline. Bien stylés par leur guide, les élèves de Moreau l'ont rapidement compris.

A ce titre, son enseignement est digne d'admiration, comme ayant créé, à la fois, un des

plus ardents foyers d'idéalisme et une des plus
savantes et des plus intelligentes académies de
praticiens, attentifs devant les formes et devant
leur expression. L'étude assidue des maîtres,
non point pour les imiter servilement, mais
pour apprendre d'eux le secret d'interroger sincèrement la nature, l'effort nécessaire de péné-
tration intégrale du sujet, le sentiment de l'unité
dans la conception comme dans l'exécution, l'emploi sobre mais judicieux du langage expressif
des harmonies, toutes ces fortes qualités tradi-
tionnelles de nos grands classiques, les élèves
de Moreau, nous nous en assurons chaque jour,
les ont retrouvées dans l'enseignement de leur
maître, lorsqu'ils ont voulu, comprenant enfin
leur vraie voie, les porter dans l'observation
de notre vie.

Enfin, avec leurs dissemblances et leurs analogies, Gustave Moreau et Burne-Jones nous
intéressent et nous attachent surtout parce que
nous les sentons bien nôtres, parce qu'ils sont
tous deux essentiellement modernes. Sans doute,
n'ont-ils point cherché le prétexte de leur développement poétique dans la réalité de notre
propre vie, dont ils ont volontairement méconnu

soit le charme, soit la grandeur. D'autres ont accepté cette tâche. Pour eux, ils ont voulu s'abstraire et voir plus haut, dans le plus secret de notre âme contemporaine. Toutes les turbulentes audaces de notre pensée, toutes ses inquiétudes maladives, toutes ses ardentes soifs de beauté, d'amour, de justice et de vérité, tous ces orgueilleux efforts tentés pour l'affranchissement de l'espèce que raniment les premières révoltes de Prométhée contre la Nature et les dieux, nous en retrouvons l'écho sonore ou voilé à travers les images parlantes de ces mythologies antiques ou de ces légendes chrétiennes. Cette foi de l'humanité en elle-même, cette confiance dans sa haute mission, dans ses destinées dont elle se sent responsable, cette sorte de religion idéale d'ordre, de devoir, de progrès, de fraternité qui réunit en elle la parole de Socrate et le verbe de Jésus, ce rêve enfin d'une humanité meilleure, supérieure, définitive, ils l'ont exalté fortement en nous en éveillant les plus nobles facultés de l'âme humaine.

Ils n'ont pas voulu un art indifférent et inutile. Tous deux, avec leur éloquence plus ou moins puissante, leur voix plus ou moins étendue, ils ont voulu rajeunir l'héritage traditionnel des vieilles croyances dénaturées par les cultes littéraux et les dogmes étriqués et, reprenant, chacun, les thèmes éternels dont s'est repue l'humanité, dépassant la portée de leur sujet, ils ont donné à leurs contemporains, à côté des penseurs qui poursuivaient les mêmes ambitions élevées avec d'autres moyens d'expression, une haute direction désintéressée, un inoubliable enseignement moral.

Ainsi, d'une part, un penseur, un philosophe ; de l'autre, un rêveur, un poète. Est-ce à dire que ces deux formes de la pensée caractérisent spécialement l'idéalisme dans chacun des deux pays ? — Non, certes, nous le savons bien, puisque des deux côtés de la Manche, d'autres noms, au moins tout aussi grands, se trouvent accolés à ceux de Gustave Moreau et de Burne-Jones pour fournir la représentation complète de l'idéalisme dans les deux nations ; puisque, en Angleterre, l'art prophétique de Watts peut contrebalancer les créations de Gustave Moreau et que, en France, Puvis de Chavannes personnifie avec un incomparable éclat l'esprit légendaire et la rêverie contemplative.

Les mêmes formes de l'idéalisme se rencontrent donc dans les deux milieux. La particularité qui les distingue l'un de l'autre réside dans l'expression de cet idéalisme, dans son caractère, et provient soit des habitudes locales de la pensée, soit des circonstances dans lesquelles s'est développé l'art dans les deux pays.

Ce que nous remarquons déjà, c'est que Gustave Moreau, dans son orgueilleuse tour d'ivoire, Puvis de Chavannes, au milieu de la foule dont les applaudissements aussi bien que les sarcasmes laissèrent intacte sa foi, restent deux solitaires indépendants du milieu qui les environne, uniquement préoccupés de la réalisation de leur rêve intérieur. Si leur génération se reconnaît en eux, c'est qu'ils en sont une manifestation nécessaire et inconsciente. Watts et Burne-Jones, au contraire, ne se désintéressent point du milieu dans lequel ils travaillent. C'est pour lui qu'ils travaillent. Tous deux veulent le moraliser, l'un par de virulentes paraboles, l'autre par d'aimables séductions. Watts, même dans ses portraits, est convaincu de produire, par leur choix, une action moralisante. C'est là un petit travers britannique. Chacun veut prêcher, en tout lieu et à tout instant ; on en prend l'habitude, le dimanche, aux coins des rues, sur les terrasses des promenades. Aussi une particularité de leur art, c'est de penser toujours à une leçon directe, à un enseignement immédiat pour un public déterminé.

Burne-Jones s'est pris sérieusement pour un socialiste militant. Dans tous les cas, il a surtout subi l'influence du milieu aristocratique pour lequel il a exécuté presque toute son œuvre. Peut-être trouvera-t-on que Moreau ne fut point assez mêlé à la vie des hommes. A coup sûr, Burne-Jones ne fut pas assez isolé du contact de ses contemporains.

En France, à la suite des grandes luttes des classiques et des romantiques, comme protestation à l'abâtardissement de l'école, à l'aveulissement général de l'art dans un éclectisme indifférent, se forma, de l'idéal en apparence contradictoire d'Ingres et de Delacroix, par l'intermédiaire de Chassériau qui en avait tenté l'indissoluble union, un petit groupe d'idéalistes

reprenant avec un ardent amour les belles traditions des grands maîtres d'autrefois. En face
d'eux, s'insurgeait en même temps la phalange
réaliste, plus turbulente, dont nous avons résumé
la formation ailleurs à propos de Fantin-Latour,
qui tentait, de son côté, un effort encore plus
vigoureux pour relever la peinture en s'adressant,
dans une voie différente, aux chefs-d'œuvre du
passé et en suivant la nature de plus près. Il
s'ensuit donc que ce mouvement idéaliste reçut
son contrepoids naturel. De même le romantisme vit naître à la même heure, parallèlement
à Delacroix, Ingres ou Meissonier, en face de
Rousseau, Corot. De même Dupré et Diaz furent
immédiatement suivis des naturalistes Troyon
et Daubigny ; de même l'un de nos idéalistes
les plus puissants et les plus originaux, Millet,
fut aussi l'analyste le plus subtil, le plus hardi et
le plus sûr dans l'observation. Notre école a
donc vécu dans un constant équilibre qui a fait
sa mesure et sa force.

En Angleterre, nous nous trouvons chez un
peuple particulièrement doué au point de vue
lyrique, daus un pays de littérature, de poésie,
d'imagination jusque dans l'observation, de fan-

taisie et de caprice, où s'épanouit même souvent la fleur bizarre de l'excentricité.

Sans vouloir reprendre le mot excessif d'un de nos plus brillants artistes contemporains devant un portrait de Reynolds de la National Gallery et qualifier l'art anglais « un beau mensonge », on peut dire, cependant, que leurs plus grands maîtres, à de rares exceptions, s'ils ont pour eux la chaleur, l'éclat et le charme, ce qui est sans doute un apanage fort enviable, ne gardent pas toujours le sens de la mesure et le sentiment des réalités exactes.

Leur art, à la vérité, a pour ainsi dire toujours été un art d'importation. Il n'y a pas de tradition nationale proprement dite. Beaucoup de leurs maîtres aujourd'hui encore — ceux entre autres qui dirigent leur enseignement — viennent de Hollande, de Bavière ou de France. Cela crée un défaut d'éducation plastique, d'instruction professionnelle qui les embarrasse souvent dans l'expression de leur rêve, les laissant dans une sorte d'impuissance devant la nature et abandonnés aux dérèglements de l'imagination. C'est ce qui arriva à Burne-Jones.

Leur art est donc un peu, suivant le mot même

d'Alphonse Legros, ce qu'on appellerait un art d'amateur ; ce sont parfois même exactement des amateurs qui l'ont le plus brillamment cultivé.

Aussi, dans un pays sans forte tradition locale pour l'étude de la nature et la pratique du métier, ce qu'on appelle l'école ou plutôt l'ensemble de la production artistique fut facilement dévoyé pour satisfaire le mauvais goût public. Il y avait besoin d'un fort courant d'air naturaliste pour retremper l'art dans la nature et dans la vie. Ce fut l'ambition première du préraphaélisme. Mais ce préraphaélisme fut l'œuvre personnelle de F. Madox Brown et de J. Ruskin. Groupement fort arbitraire et mouvement très artificiel, il dévia rapidement et retomba dans les excès qu'il s'était donné mission de redresser.

Naturalisme, réalisme, impressionnisme, plein-airisme, toutes ces formules qui correspondent chez nous à l'étude variée de la nature, semblent donc donner à notre art une allure un peu terre à terre. Nous voudrions, parfois, qu'il montrât plus d'envolée, nous aspirons à ces beaux mouvements d'imagination et de lyrisme de nos voisins d'Outre-Manche. Leur indépendance à l'égard de la nature leur permet, semble-t-il, d'être plus près de la traduction exacte de leur pensée. Mais dès que nous sommes depuis quelque temps de l'autre côté du détroit, après nous être nourris avec enthousiasme de cette pensée ardente ou de cette rêverie délicate, de cette éloquence ou de cette sentimentalité, de ces inventions et de ces intentions, à travers tout ce monde très expressif et souvent très élevé, mais aussi parfois irréel, artificiel, factice et chimérique, nous perdons pied et nous avons hâte de rentrer chez nous.

Nos voisins, cependant, forment une race remarquablement intelligente et pratique. Jadis, à peine les voyait-on figurer dans nos exposi-tions. Aujourd'hui parmi les artistes étrangers qui peuplent nos académies et nos salons, ils arrivent immédiatement en seconde ligne, juste après les Américains. Ils ont trouvé chez nous bien des vérités à apprendre ; leurs jeunes ar-tistes en ont fait leur profit ; déjà leurs nouvelles générations d'Ecosse ou de Cornouailles en portent des traces fécondes. Nous sommes d'excellents éducateurs : ils ne manqueront plus de venir chez nous pour nous prendre, sans amour-propre, comme 'guides. N'avons-nous pas, de notre côté, à les imiter d'une autre façon et à prendre quelque chose chez eux. Plusieurs de nos grands maîtres, du moins, pensèrent ainsi. Paul Huet, Géricault, Delacroix, Monet n'ont rien perdu pour aller à Londres.

Nos deux plus grands idéalistes contemporains, Puvis de Chavannes et Gustave Moreau, restèrent toujours en contact avec leurs confrères britanniques et ne leur ménagèrent pas leur admiration. C'est par leurs analogies avec les maîtres de ce pays qu'ils ont dépassé la mesure des talents qui les entouraient. Inspirons-nous donc de ces grands exemples et, sans laisser s'affaiblir nos fortes traditions d'école qui nous attachent étroitement à la nature et à la vie, regardons de temps en temps un peu plus loin et un peu plus haut, vers ces grandes et nobles figures qui veillent à la porte du monde merveilleux des vérités invisibles.

LA MORT DE G.-F. WATTS

Le peuple anglais vient de porter son suprême hommage à l'un des plus grands artistes qui aient honoré son école. Une affluence d'admirateurs, d'amis, d'artistes, les représentants des pouvoirs publics, des arts, des sciences et des lettres, se pressaient jeudi dernier[1], à Londres, dans la cathédrale de Saint-Paul, au service solennel célébré en l'honneur de George Frédérick Watts, dont les restes incinérés étaient inhumés le jour même dans sa propriété affectionnée de Limnerslease, près de Guilford, dans le Surrey.

Ce deuil, qui frappe l'école anglaise dans la personne de son glorieux doyen, est un deuil national. Watts, en effet, est une des figures

1. Ecrit de Londres, le 7 août 1904.

qui ont le plus noblement représenté les qualités morales supérieures de cette grande race
d'esprits pratiques, où se rencontrent, à l'occasion et comme par contraste, les plus purs idéalistes, les intelligences les plus généreusement
désintéressées. Sa vie et son œuvre furent étroitement confondues et furent aussi belles l'une
que l'autre. Bien que mêlé, dès sa jeunesse, aux
milieux les plus aristocratiques, avec lesquels
il avait été mis en relations, surtout par son ami
lord Holland, milieux qu'il fréquenta sans affec-
tation d'ailleurs et sans recherche, il dédaigna
les honneurs et refusa le titre de baronnet.
Large d'esprit, bienveillant à tous, enthousiaste
et ardent pour tout ce qui était grand et beau,
il laisse parmi ses confrères le souvenir d'une
carrière remplie par une œuvre d'une tenue
exceptionnelle, et d'une longue vie où les bonnes
actions ne se comptent pas. Comme artiste, il
n'avait aucune coquetterie d'exécutant ou de
virtuose ; il était parvenu à peu près au même
état d'esprit que Tolstoï comme littérateur.

Il considéra de bonne heure son œuvre peinte
moins par sa valeur exclusivement pittoresque
que par sa signification morale. C'était pour lui

la manifestation extérieure de son idéal moral, et, quels que fussent les dons précieux dont il fut doué, une sorte d'instrument de propagande, le moyen de traduire par l'éloquence spontanée de l'image, l'énergie de la composition et la puissance communicative des accords, une pensée intérieure qui évoquât dans la pensée des autres hommes de fortes émotions, de nobles sentiments, d'austères et graves réflexions. Il n'est pas jusqu'à ses portraits auxquels il n'attribuât — je le tiens de lui-même — une certaine vertu moralisatrice. Ce sont peut-être ces portraits qui contribuèrent le plus à asseoir sa réputation. Ils ont une singulière intensité de vie et de vie intérieure. Comme notre David d'Angers, il s'était d'ailleurs adressé principalement à de hautes et intéressantes personnalités. Ce n'est pourtant point dans son œuvre, la part qu'il préférait. « Les portraits, disait-il, c'est ce que tout le monde peut faire. » Et il tenait à ses tableaux en raison de leur signification. C'est ce qui l'avait décidé à garder ses principales compositions pour les offrir à l'Etat. Longtemps avant qu'ils fussent réunis dans une grande salle de la Tate Gallery, on a pu les admirer

dans sa maison de Little Holland House, où il
les avait disposés en Musée, qu'on pouvait venir
visiter le dimanche. Il en faisait quelquefois les
honneurs à ses visiteurs de marque. Ceux qui
l'ont connu n'oublieront pas cette physionomie
si hautement sympathique de prophète ou d'a-
pôtre, son visage émacié, aux traits fermes et
décidés, et en même temps, d'une extrême
finesse aristocratique. Ses cheveux blancs étaient
coiffés d'une petite calotte rouge de cardinal, et
sa barbe en pointe s'effilait sur une cravate
rouge. Il rappelait assez la figure du Titien, un
Titien d'aspect un peu britannique. On peut se
rappeler la belle eau-forte exécutée par Alphonse
Legros, qui s'honore d'avoir été son obligé et
d'être resté son ami. Watts avait d'ailleurs une
prédilection marquée pour Titien. La dernière
fois que je le vis, à Londres, accompagné par le
peintre Val Prinsep, son voisin et son ami de
vieille date, il terminait ce groupe de la *Physical Energy*, qui décore aujourd'hui la cour de
la Royal Academy. Nous entrâmes dans son
atelier de peinture et, comme je lui demandais
ce qu'il faisait pour le moment, il me montra
une toile en me disant: « Du bleu, toujours du

bleu, comme Titien ! » De fait, il avait toujours été de préférence vers les maîtres italiens du xvie siècle, vers ces maîtres puissants, fougueux, éloquents et spontanés, comme Michel-Ange, Tintoret et Titien, et cela à l'encontre de ses camarades qui allaient fonder le groupe des Frères préraphaélites, en imitant les naïves préciosités des primitifs. Aussi, bien qu'en relation et en sympathie intimes avec ce groupe, n'en fit-il aucunement partie. Il fit d'ailleurs toujours bande à part, sans prétention, mais par indépendance foncière de nature.

Sa vie a été racontée, et ses œuvres étudiées ailleurs. Nous n'avons donc pas à y revenir. Nous rappellerons seulement qu'il est né à Londres en 1820 et qu'il exposa pour la première fois à l'Academy en 1837. Mais ses premiers succès se placent en 1843, avec son carton de *Caractacus porté en triomphe dans les rues de Rome*, qui obtint un des trois grands prix de trois cent vingt livres, et surtout, en 1847, où il obtint le prix à ce concours de Westminster Hall, qui est devenu une des dates les plus mémorables dans l'histoire de l'art anglais contemporain. C'était un *Écho* et un

*Alfred incitant les Saxons à prévenir le débar-
quement des Danois*, qui obtinrent l'un des trois
premiers prix de cinq cents livres. Cette dernière peinture fut achetée et placée dans une
des salles de commissions du Palais du Parle-
ment, où elle figure encore. Watts exécuta
aussi une fresque dans la salle des Poètes du
même palais. Il paraît s'être fort intéressé à la
fresque dans sa jeunesse, ce qui n'a rien de
surprenant, étant donnés les maîtres qu'il admirait. Il en prit le goût à Florence, dans un
voyage où il avait accompagné lord Holland,
voyage au cours duquel il exécuta même une
fresque dans la villa où mourut Lorenzo de
Médicis, au bas de Fiesole. Cette fresque
représentait la *Mort de Lorenzo* ; les essais de
fresque qu'il tenta avant de commencer son
travail furent achetés par le musée de South
Kensington.

A côté de la grande salle qui contient ses
chefs-d'œuvre connus de *L'Amour et la Vie* —
dont une répétition appartient, on le sait, grâce
à la touchante générosité du maître, au musée
du Luxembourg, — de l'*Amour triomphant*, de
l'*Amour et la Mort*, de *La Mort couronnant*

l'Innocence, car la Mort occupe une place importante dans ses compositions ; de *Sic Transit*, du *Messager*, de *La Création de la femme* et de *La Tentation d'Ève*, de l'*Espérance*, etc. ; la Tate Gallery a exposé depuis peu deux importants ouvrages de ses premières années. L'un est une vaste toile d'environ 7 mètres de large, dont le sujet est : *A Story from Boccaccio*.

Elle daterait de 1849. C'est une composition bien agencée dans toutes les parties, bien qu'elle soit un peu rompue vers le centre par une ou deux figures assez brutalement exécutées ; mais il y a des morceaux, notamment dans le groupe, à gauche, de personnages épouvantés, qui se sauvent ou se retournent dans un bouquet de grands arbres, où se montrent de réelles qualités de pathétique et une chaleur de coloration par laquelle se manifeste déjà vivement le culte de l'artiste, jeune alors, pour Titien. L'autre toile, à laquelle Watts, dans une lettre adressée à Mrs Seymour, qui l'avait acquise, assigne également la date de 1849, semble pourtant bien postérieure, et l'on se demande, tant la différence est grande entre les deux, si le maître n'a point fait erreur et n'a point voulu dire 1859. Il y est déjà en plein dans sa voie philosophique, comme l'indique le sujet : *Life, illusions!* (La vie... illusions !) et en plein dans la possession de ses harmonies chaudes, noyées, musicales et personnelles.

De toutes ses compositions, celles pour laquelle il gardait une tendresse particulière est *L'Amour et la Vie*. C'est justement la peinture qu'il offrit à la France, et il fut heureux que le choix se portât sur elle. On ne saurait oublier la délicatesse extrême qu'il mit à ce don. C'était d'abord une commande. Il l'accepta comme telle, avec reconnaissance. Mais une fois l'œuvre terminée, et il y mit tous ses soins, au point que des trois répliques de ce sujet — il en est une troisième à Chicago — c'est celle du Luxembourg qui est de beaucoup la meilleure, il refusa d'en recevoir le prix, considérant, m'écrivait-il, « que la distinction qui lui était conférée en le représentant dans le musée public d'une si grande nation est un honneur trop grand pour être diminué *by any association with money* ».

FIN

TABLE DES MATIÈRES

REPRODUCTIONS

1305. — Paris. — Imp. Hemmerlé, Petit et Cⁱᵉ. — 5-22.

A la même librairie

BÉNÉDITE (Léonce)

Conservateur du Musée national du Luxembourg et du Musée Rodin

La peinture au XIXe siècle, d'après les chefs-d'œuvre des Maîtres et les meilleurs tableaux des principaux artistes. 400 illustrations et 13 planches en couleurs. 1 vol. grand in-4°, broché. . . . . **40 fr.**

LAURENT (Marcel), *Professeur à l'Université de Liége* et VAN DER PLUYM, *Professeur à l'Institut supérieur des Beaux-Arts à Amsterdam*

Les chefs-d'œuvre de la sculpture et de l'architecture. 250 illustrations et 13 planches en couleurs. 1 vol. grand in-4°, broché . . . . **40 fr.**

PITON (Camille)

Le costume civil en France du XIIIe au XIXe siècle. 700 illustrations directes de la photographie, d'après les documents de l'époque : Vitraux, sculptures, tapisseries, tableaux, gravures, etc. Planches en couleurs. 1 vol. grand in-4°, broché . . . . **18 fr.**

MAX ROOSES, *Conservateur du Musée Plantin-Moretus à Anvers*

Les chefs-d'œuvre de la peinture de 1400 à 1800. 423 illustrations et planches en couleurs. 1 vol. grand in 4°, broché. . . . . **40 fr.**

1847. — Paris. — Imp. Hemmerlé, Petit & Cie — 5-22.

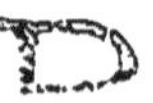